能說會聽
超人氣的攻心
說話術

社會大學 34

能說會聽：超人氣的攻心說話術

編　　著　周儀軒
出 版 者　大拓文化事業有限公司
執行編輯　林秀如
封面設計　宋昀儒
內文排版　姚恩涵

總 經 銷　永續圖書有限公司
劃撥帳號　18669219
地　　址　22103 新北市汐止區大同路三段一九十四號九樓之一
TEL (〇二)八六四七—三六六三
FAX (〇二)八六四七—三六六〇
E-mail　yungjiuh@ms45.hinet.net
網　址　www.foreverbooks.com.tw
法律顧問　方圓法律事務所　涂成樞律師

出 版 日◇二〇二〇年六月

國家圖書館出版品預行編目資料

能說會聽：超人氣的攻心說話術 / 周儀軒編著.
-- 一版. -- 新北市：大拓文化, 民109.06
面；　公分. -- (社會大學；34)
ISBN 978-986-411-118-3(平裝)
1.說話藝術 2.溝通技巧
192.32　　109004929

【前　言】

發生在成功人物身上的奇蹟，一半是由口才創造的。一個人想獲得成功，必須具有能夠應付一切的口才。

對於不易說服的人，最好的辦法就是要使對方認為你也與他是站在同一立場。而想讓別人相信你是對的，並按照你的意見行事，那就需要人們喜歡你，否則你就無法獲得成功。

俗話說，知識就是財富，口才就是資本。能說會聽，才能正確地領悟別人的意圖並恰當地表達自己。本書將指導你，如何透過說話讓別人更深層次地瞭解你，信任你，提拔你，讓你緊緊把握每一個施展才華、獲得成功的機會！

目錄 Contents

Chapter1 說話識人術

chapter2 說話周旋術

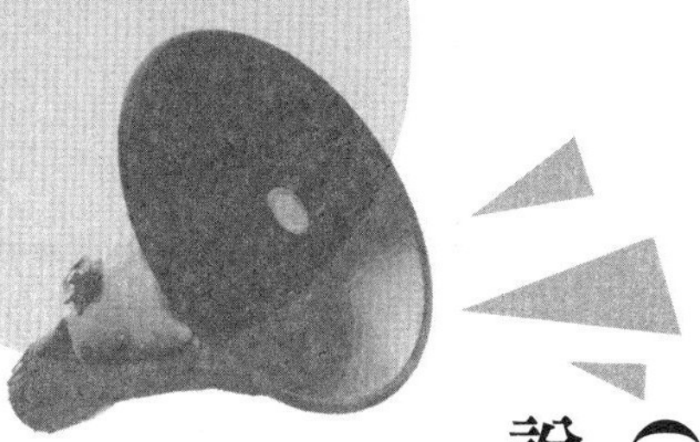

Chapter3 說話攻心術

目錄 Contents

chapter4 說話提問術

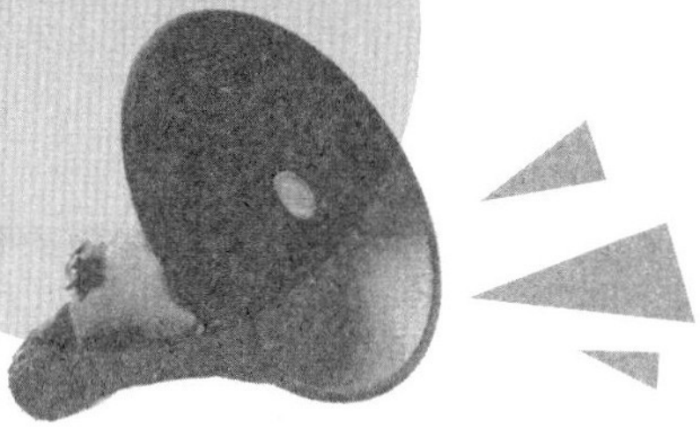

Chapter5 說話拒絕術

目錄 Contents

Chapter6 說話讚美術

說話識人術

《鬼谷子．權篇》將「看人說話」的技巧演繹得淋漓盡致：「與智者談話，要以淵博為原則；與拙者談話，要以強辯為原則；與善辯的人談話，要以簡要為原則；與高貴的人談話，要以鼓吹氣勢為原則；與富人談話，要以高雅瀟灑為原則；與窮人談話，要以利害為原則；與卑賤者談話，要以謙恭為原則；與勇敢者談話，要以果敢為原則；與上進者談話，要以銳意進取為原則。」這些都是與人談話的原則。

邊看邊說，邊說邊看

你知道別人愛聽什麼、不愛聽什麼嗎？這裡教你，這就要「看」人說話，邊「看」邊說，邊說邊「看」。這「看」，即是觀察：在與對方談話時，要善於一邊說一邊察言觀色。那麼，「看」對方什麼呢？

1、看臉部表情

狄德羅曾經說過，一個人的「心靈的每一個活動都表現在他的臉上，刻畫得很清晰，很明顯。」有時對方口頭表示贊同你的意見，但他的眉頭卻不知不覺的皺了起來，或者他的嘴唇突然緊閉，而且嘴角向下撇。這些表情恰恰是內心不愉快的流露。因此他所說出贊同的話其實是言不由衷的，或者礙於情面，或者屈於權勢，才不得不這樣說的。

2、看體態表情

幾乎每一種體態，每一種動作都是一種特殊的語言，都在宣洩著一個人的內心世界。問題在於我們要能看懂這些體態表情，要能體會它們的內在含義。假如與你談話的人雙腳並立，雙臂交叉在胸前，這就表明此人對你懷有某種敵意，他在作自我防衛；而當他不僅雙臂交叉，而且雙拳緊握時，那就是說他不只在自我防衛，還要向你進攻了。又如，如果談話者常向你攤開雙手，這就表明此人是真誠坦率的，他對你毫無提防之心。

3、看語言表情

與人交談時不但要看他說什麼，而且還要看他怎麼說。這就是要從對方說話聲音的高低、強弱、快慢、腔調等等看出他的言外之意，聽出他的弦外之音。這是因為說話聲音的種種變化不但表現一個人的性格，如急性子的人說話節奏快、聲音響亮，慢性子的人說話節奏緩慢、聲音低沉；而且能夠表明一個人的情緒與心境。例如，人憂傷時語速慢、聲音低、節奏平緩；而人興奮時與之相反，語速快、聲音高、節奏強烈。

所謂「看人說話」，主要是「看」上述三種表情。從這些表情變化中，我們便可隨時猜猜對方的心理態勢，透視對方的心理需要，然後也就可以隨時調整自己談話的內容與方式，使之更適應對方的思想線索。這樣，說話便可獲得預期良好的效果。看人說話，將使你在成功的道路上處處順暢。

注意對方，謹慎開口

要盡可能的用眼睛捕捉一些與對方深入談話的資訊與靈感，如果有機會到陌生朋友家裡去做客，就要用自己的眼睛去細心觀察對方的有關情況，加強對對方的瞭解。比如，我們從對方家庭的日常生活用品及佈置設計中，就可以判斷出對方的經濟狀況、生活情趣、藝術修養格調等；從對方的言談舉止、聲音相貌及衣著表情，就可以窺探出對方的性格、品德以及為人處事與待人接物方面怎樣；從對方家中架上放的書籍、牆上掛的藝術品，就可以瞭解到對方的個人愛好、學習興趣、審美情趣等。有了以上這些對對方的瞭解我們較容易輕鬆自如的與對方進行交談。

1、注意對方的心理

瞭解聽者的心理，是掌握說話技巧的基礎。我們只有在瞭解聽者心理的基礎上，才能正確的選擇在某個場合該講什麼，不該講什麼，哪些話能夠打動聽眾的心坎，能使聽眾產生共鳴，真正使談話達到水乳交融的境地。

人的心理捉摸不定、較難掌握，但是在有些場合，人內心的東西又常透過各種方式而外露。善於觀察聽者的一舉一動，並能據此加以分析和推測，那麼，基本上就可以掌握聽眾的心理和情感。譬如，在講話時，聽者發出噓聲，說明聽眾不喜歡那些話；如果聽者兩眼注視，說明說話的內容非常吸引人；如果聽者左顧右盼，注意力不集中，說明他心裡可能很著急，但又出於尊敬而不願離開……當然，有許多人善於抑制自己的感情不讓它外露，但即使這樣，也還是會露出蛛絲馬跡。

戰國時，魏文侯和一群士大夫在閒談。文侯問他們：「你們看我是怎樣的一位國君？」許多人都答道：「您是仁厚的國君。」

可是一位叫翟黃的人卻回答說：「你不是仁厚的國君。」

文侯追問：「何以見得？」

翟黃有根有據的答道：「你攻下了中山之後，不拿來分封給兄弟，卻封給了自己的長子，顯然出於自私的目的，所以我說你並不仁厚。」一席話說得文侯惱羞成怒，立刻令翟黃滾出去，而翟黃若無其事的昂然離去。

文侯仍不甘心，他又接著問任座：「我究竟是怎樣的一個國君？」

任座答道：「您的確是位仁厚之君。」文侯更加疑惑了。

任座說：「我聽說過，凡是一位仁厚的國君，其臣子一定剛直，敢說真話，剛才翟黃的一番話說得很直，而不是阿諛奉承之詞，因此，我知道他的君主是位寬厚的人。」

文侯聽了，覺得言之有理，連聲說：「沒錯，沒錯。」立即讓人把翟黃請了回來，而且拜他為上卿。

在這則故事中，我們不但能看出任座的人品高尚，救助同事；而且能看出他機巧聰明，善於抓住魏文侯願意被人尊為仁厚之君這種心理，從同一事件中巧妙的引出了有利的結論，化解了文侯和翟黃之間的衝突。

2、注意對方的身分

幾乎沒有一個人可以在說話的時候不考慮到彼此的身分。不分對象，不看對方的身分，都用一樣的口氣說話，這是一種幼稚無知的表現。雖然身分不同不會妨礙人際交流，比如下級對上級、晚輩對長輩、學生對老師、普通人對於有名氣地位的人，等等，不必表現得屈從、逢迎，但在言談舉止上有必要表現得更加尊重一些。

在不是十分嚴肅隆重的場合，身分較高的人對身分較低的人說話越隨和風趣越好，而身分較低的人對身分較高的人說話則不宜太過隨便，尤其在公眾場合，說話要恰如其分的掌握好自己與聽者的身分差別。

3、注意對方的地位

地位，是個人在團體組織中擔負的職位和在社會關係中所處的位置。個人的社會地位不同，就會有不同的人生經歷、社會職責和交際目的，對口才表達也會產生不同的需求。

美國軍隊中規定，凡是軍人不能蓄長髮。而黑格爾將軍在擔任北約部隊的總司令時，卻蓄著一頭長髮。有一名留長髮的士兵看到畫報上登載著一頭長髮的黑格爾將軍的照片，就把它撕下來，貼在不允許他留長髮的連長辦公室門上。為了表示抗議，他還畫了個箭頭，並在旁邊配了一行小字：

「請看他的頭髮！」

連長看了這份別出心裁的抗議書後，並沒有立即把這個憤憤不平的士兵叫來訓斥，而是將那箭頭延長到總司令的肩章處，並也加了一行小字：

「請看他的軍銜！」

這個士兵只想和黑格爾比較頭髮，因而憤憤不平，卻沒考慮到兩者的身分和地位的懸殊差異，連長則不失時機的提醒了他。

注意對方的性格特徵

性格，又稱性子或脾氣，是對人、對事的態度和行為方式所表現出來的心理特徵。一個人的性格特徵透過自身的言談舉止、表情等流露出來，如：快言快語、舉止簡捷、眼神鋒利、情緒易衝動的人，往往是性格急躁的人；直率熱情、活潑好動、反應迅速、喜歡交往的人，往往是性格開朗的人；表情細膩、眼神穩定、說話慢條斯理、舉止注意分寸的人，往往是性格穩重的人；口出狂言、自吹自擂、好為人師的人，往往是性格驕傲自負的人；懂禮貌、講信義、實事求是、心平氣和、尊重別人的人，往往是性格謙虛謹慎的人。

對於這些不同性格的人，和他們說話時要具體分析，區別對待。如果他喜歡婉轉的，就說流利的話；他喜歡亢直的，就說激切的話；他喜歡學問的，就說高遠的話；他喜歡家常的，就說淺近的話；他喜歡誠懇的，就說樸實的話。說話方式與對方性格相投，自能一拍即合。

羅斯福總統未成名之前曾參加過一個宴會。他看見席間坐著許多不認識的人。

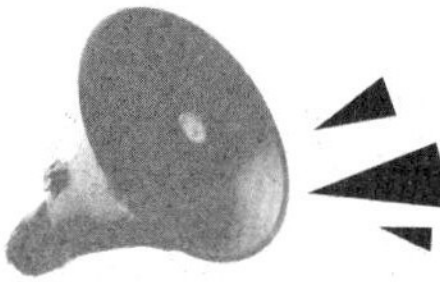

Chapter 1
說話識人術

這些人都是認得羅斯福的，不過因為他們和羅斯福的地位不同，所以雖然認識羅斯福，也只是冷淡的打招呼而已，並不因羅斯福地位高而表示殷勤。那時羅斯福剛從非洲回來，正在預備一九一二年選舉的第一次旅行。羅斯福看見這些人對他沒有表示友好的意思，立刻想出一個辦法，故意拿出幾個簡單的問題，去問那些不相識者。

陸思瓦特博士是筵席上的主人，那時，正坐在羅斯福的身邊。羅斯福湊近他輕輕的說：「請把坐在我對面那些客人的情形告訴我一些！」陸思瓦特把每個人的性情特點都大略告訴了他。羅斯福瞭解到每個人的性情以後，立刻就有了適宜的談話資料。

1、考慮對方的語言習慣

說話要考慮感情、褒貶、民族、時代、地域等問題，不可大意。我們說某人「壯得像頭牛」，英語則說「壯得像匹馬」，就是語言習慣的問題。

有個牧師，想翻譯《聖經》給非洲居民讀，可是翻譯到「你們的罪惡雖然是深紅的，但也可以變成像雪一樣的白」的時候，難題就出現了。因為熱帶的土人，根本不知道雪是什麼東西，雪的顏色和煤的顏色有什麼不同。後來，牧師從椰子得到啟發，把這句話改譯成「你們的罪惡雖然是深紅的，但也可以變成像椰子肉一樣的白」，這樣，非洲居民就懂了。

把「罪惡可以變成像雪一樣的白」譯成「罪惡可以變成像椰子肉一樣的白」，這就是考慮到了對方的語言習慣。

2、顧及對方的興趣愛好

興趣是一個人力求認識、掌握某種事物，並經常參加該種活動的心理傾向。說話時，需要顧及對方對事物的興趣，順著他的心理傾向，如對一位潛心學問的學者就不能談「股票」、「生意經」；對一位經商的人就不能談「治學之道」。一個具有敬業精神、勇於開拓創造的人，喜歡聽事業、工作方面的具體指導和建議；生活困難，窮困潦倒的人喜歡聽到扶貧濟困、發財致富的資訊。不同的興趣有不同的「興奮點」，興趣相投的人聚在一起交談，可以激發出話題焦點的「火花」，進而產生思想感情的共鳴。

麵包商圖維一直試著將麵包賣到紐約某家飯店，可是連續四年都失敗了，最後圖維決定改變策略。他打聽到經理是「美國招待者協會」的主席，於是不論在何處舉行活動，他都必定去出席。當圖維再次見到經理時，就和他談論他的「招待者協會」，這一下打開了經理的話匣子，反應異乎尋常。經理在圖維離開辦公室之前，「賣」給了他一張協會的會員證，圖維隻字未談麵包銷售之事。幾天以後，飯店的人主動打電話要他們送麵包樣品和價格單。四年努力未成，一朝交談得手，全在於投其所好的功勞。

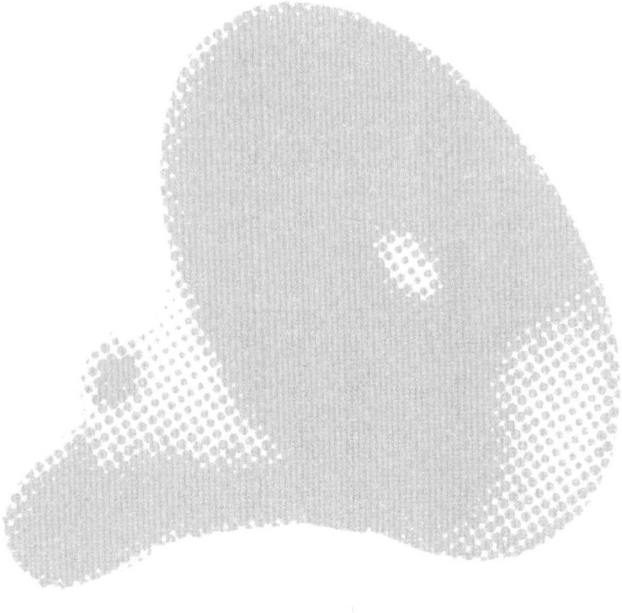

從聲氣中認識人

人類的聲音包含各種要素。聲調是很重要的要素之一，大的聲音，同時也具備某種權力。發出很大的聲音，可以讓別人沉默下來。然而，小的聲音有時候更能發揮效果，這是因為人們會注意去聽的緣故。當然，聲大聲小都需要姿勢輔助，效果才更好。

發聲法對音質有很大的影響。若以鼻子產生共鳴，聲音如泣如訴，也會給人傲慢的印象。但是，如果是以胸腔來產生共鳴的話，發聲法亦隨之改變，變得豐富、強力，響度也夠。

講話的速度也影響到會話。說話速度太快的人，一方面容易給人好像有某種急事、戲劇性的事件或熱心投入的印象；另一方面會讓對方感覺焦躁、混亂以及些許的粗魯。說話緩慢的人，雖然給人深思熟慮、誠實的印象，但太慢也會變成猶豫不決或漫不經心，甚至還會呈現消極性的含義。所以，從聲氣識人，對看人說話來說是很重要的一件事。

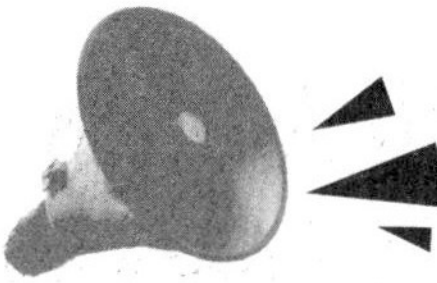

Chapter 1
說話識人術

1、和聲細氣者

人們在請求、詢問、安慰、陳述意見時常使用和聲細氣。它可以發揮男性的文雅大度和女性的陰柔之美。尤其是在抒發情感時，和聲細氣的運用，更具有一種迷人的魅力。

由於語音學中音素、音位的原理和人們說話時用聲用氣的心理狀態及規律的不同，和聲細氣，這種聲和氣宛如柔和的月光和涓涓的細流，由人的心底流出，輕鬆自然，和藹親切，不緊不慢，能給聽者舒適、安逸、細膩、親密、友好、溫馨的感覺。和聲細氣說話的男人，為人必定厚道、寬容、襟懷開闊；和聲細氣說話的女人，為人必定溫柔、善良、善解人意。

2、輕聲小氣者

輕聲小氣表現說話者的尊敬、謙恭、謹慎和文雅。在和別人交談時，可以縮短人與人之間的感情距離，密切雙方之間的關係。有時，它還能避免一些可能會招致的麻煩。但用它來公開堅持意見、反駁別人、維護正義和尊嚴或表示強調是不可取的。

3、高聲大氣者

高聲大氣是人們用來召喚、鼓動、說理、強調和表達自己激動心情的聲和氣。它可以表現說話者的激情和粗獷豪放的性格。它通常用來表示極度的歡喜或慷慨激昂的情緒。張飛是《三國演義》中群眾最喜愛的人物之一。他以粗豪、勇猛、爽直和堅貞的個性深深的吸引著歷代的讀者。

這個人物說話聲音響如洪鐘，具有濃烈的草莽英雄氣質。從其外表便可以看到這一點。他：「身長八尺，豹頭環眼，燕頷虎須，聲若巨雷，勢如奔馬。」在長阪橋一役，曹操率眾軍追趕劉備。張飛立馬橋頭，圓睜環眼，厲聲大喝：「我乃燕人張翼德也，誰敢與我決一死戰！」吼聲如雷，將曹軍部將夏侯傑驚得肝膽碎裂，倒跌於馬下。曹操更是回馬便走。這段傳奇故事，凸現了張飛粗獷的草莽英雄氣質。

4、唉聲歎氣者

這種人心理承受能力弱，自信心不強，缺乏勇氣，一旦遭到失敗，便灰心喪氣，沮喪頹唐，乃至一蹶不振。《孔子家語》中記載了這樣一段逸事。

孔子去齊國的途中聽到一陣十分悲哀的哭聲，他於是對弟子們說：「這個哭聲雖然很悲傷，但不是悼念死人的哀聲。」孔子隨後迅速向前走，遇到了那個哀哭的人。孔子下車詢問他的名字，知道他叫皋魚，孔子問道：「這裡不是悲哀的地方，你為什麼哭得這麼悲傷呢？」丘吾子長歎一聲，回答說：「我一生有三大過錯，至今年老才深深覺悟到，但追悔莫及，因此痛哭。」

孔子不明白其話中的意思，便一再追問。皋魚才說：「我少年時代愛好學習，周遊天下，等回來時我的父母都死了，作為一個兒子竟不能為父母養老送終，這是第一大過失。我做齊國臣子多年，齊君現在奢侈驕橫，我多次勸諫都不被採納，這是第二大過失。我生平交友無數，不料到後來都絕交了，這是第三大過失。樹欲靜而風不止，子欲養而親不待。去而不回的，是時間；不能再見到的，是父母。我是個大失敗者，還有什麼臉面活在這個世上？」說完，皋魚便投水而死。

人到了這種悲傷而自殺的地步，他的哀情可想而知。而孔子從聲氣識別出皋魚的哭聲不是為了死者，而是有其他的原因，足見孔子識人之能。

從音色中辨別人

人的聲音具有濃厚的感情色彩，能引起人複雜的心理效應。《人體科學》雜誌上說，人的聲音是氣流通過聲帶振動時發出的聲波。人體對聲波的感覺並不是沒有限度的。人的聽覺器官所能感受到的是頻率二萬赫茲到二十赫茲之間的聲波，低於二十赫茲和高於二萬赫茲的聲波是人無法感受到的。

聲音的強弱、快慢、高低、清濁，都能顯示出異常複雜的情感。有這麼幾句話：「察其聲氣，而測其度；視其聲華，而別其質；聽其聲勢，而觀其力；考其聲情，而推其征。」其中的聲氣，略同於聲學中的音量，透過聲氣粗細，察看人的氣度；聲勢相當於聲學中的音長，聲勢壯者，聲力必大；聲華相當於聲學中的音質音色，「聲華」質美，則其人性善品高；「聲情」相當於帶感情的聲音。

人有喜怒哀樂恐悲傷七情，在語音中必然有所表現，即「如泣如訴，如怨如慕」。因此，由音能辨人之「征」。人的喜怒哀樂，必在音色中表現出來，即使人為極力掩飾和控制，也都會不由自主的有所流露。因此，透過這種方式來觀察人的內心世界，是比較可行的方法。

1、凝重深沉者

這種人才高八斗、言辭雋永，對人情事理理解得深刻而準確，對社會、對他人較負責任，有一定的可靠性。但由於人情事理的複雜性，這種人往往得不到重用，抱負無法施展。

2、鋒銳嚴厲者

這種人言辭鋒銳，愛好爭辯。談話時他一旦逮住對方語言的漏洞就會不留情的反擊，讓對方無話可說。這種人看問題一針見血，眼光犀利，但由於急於找到並攻擊對方的弱點，進而忽略從整體上掌握問題的關鍵，陷入捨本逐末的處境而不能自拔。

3、剛毅堅強者

這種人辦事堅持原則，公正無私，是非分明，但是因原則性太強而顯得不善變通，讓人沒有商量的餘地。不過，他還是因為肯主持公道而得到了別人的尊敬。這種人在評判他人的價值時，不因個人恩怨而產生偏見，依然能做到公正無私，揚善除惡，光明磊落，實事求是，主持正義。

4、圓通和緩者

這種人為人寬厚仁慈，性格大度優雅，具有圓通性，對新生事物持公正包容的態度。在語言上圓通能使一個人在交往時顯得溫和可愛，具有柔和的言辭和態度，不輕易進行爭論，以免傷了和氣。擁有這種才能的人，總是「入鄉隨俗」，不在別人面前大露棱角，舉止、言語無不八面玲瓏。這種人可以從事任何職業，因為搞好人際關係，這是必要的條件之一，尤其是外交官，若不會交際與圓通，必然難以勝任。

5、溫順平暢者

這種人說話速度慢，語氣平和，性格溫順，權力欲望平淡，與世無爭，易與人相處。但因為用意溫軟，而使自己長期處於一種膽小怕事的狀態，對外界人事採取逃避態度。如果他能遇上一個肯提攜他的人，從旁幫他一把，教導他磨煉膽氣，知難而進，那麼，他就會成為一個能剛能柔的人物，會有一番大作為，令人刮目相看。

西晉時王湛在父親去世後，居喪三年，喪期滿，就居住在父親墳墓的旁邊。他的侄子王濟每次來祭掃祖墳，從不去看望叔父，叔父也不去見他。偶然見一面，也只不過說幾句客套話罷了。

有一次，王濟試探性的隨便問了一些最近的事。王湛回答時措辭、音調都適當，音色溫順平暢，大出王濟意料之外。他不禁大吃一驚，覺得叔父不再是從前那個膽小怕事，沒有主見，意志軟弱的人了。因此繼續和他談下去，越來越精粹入微。

在此之前，王濟對王湛全沒有一點子侄和長輩間應有的禮貌；自從聽了他的言談後，不覺心懷敬畏，外表也肅穆莊嚴。於是留下來日日夜夜的相互談論。

王濟雖然才華出眾，性格豪爽，但在叔父面前，覺得自愧弗如。有一次，王濟聽了叔父的談話後，不禁長長的歎了一口氣，說：「家裡有名士三十年來卻不知道！」晉武帝每次見到王濟，常常拿王湛當做取笑的笑柄，問他：「你家裡那位傻子叔父死了沒有？」王濟往往無辭答對。

這一回，對叔父有了認識，當武帝又像過去那樣問起時，便說：「臣的叔父並不傻。」接著，就如實的講了王湛的優點。

武帝問：「可以和誰相比？」

王濟說：「在山濤之下，魏舒之上。」

經王濟這一番宣傳，王湛的名聲一天天的大起來，二十八歲時他開始步入政界，終為人所知。

6、浮漂燥熱者

這種人易犯浮躁的毛病。他們做事情既無準備，又無計劃，只憑腦子一頭熱、興緻一來就動手趕著去做。他們不是循序漸進的穩步向前，而是恨不得一鍬挖出一口井。結果事與願違，欲速不達。

7、激蕩迴旋者

這種人有強烈的好奇心，有獨特的思維能力，敢於向傳統挑戰，敢於向權威說「不」。他們對事業開拓性強，經常弄出些奇思妙想，令人讚歎。他們在語言上的特點也與眾不同，異想天開，獨樹一幟。但缺點是不能冷靜思考，難以被世人理解而成為孤膽英雄。

十種會說話的人

語言是思維的工具，所以語言是鑑識別人的重要依據，人的思想及情感透過語言表達出來。一個人的品格是粗魯還是優雅，會在粗魯或優雅的措辭中自然而然的流露。生活中多數人談吐漫無邊際，說話不得體，不管別人願不願意聽，他都一味空談，最後必然是言多必失。

試看那些善於言談的人，把生活弄得隨時隨地都很快樂。他們在閒暇的時間裡，可以和他們的朋友或他們的家人快快活活的過一個晚上，使大家得到更多的樂趣。這些人在需要說幾句話的場合，往往能說得十分得體，恰到好處。因此，善於運用口才的人，在生活、工作中都有很大的成功。

1、奇思妙語者

這種人機智風趣，談吐幽默，靈感的火花常常在隻字片語中迸發。他不論走到哪裡，都能給那個地方帶來笑聲，帶來愉快和歡樂。

2、轉守為攻者

這種人心思細密，關鍵時刻能穩住陣腳，應變能力強，攻防之間都能做到隨心所欲，任意切換，不拘一格。這種人還有一個令人羨慕的優點，他從來不做沒有把握的事，凡事總是先求不敗，再求勝機。

3、善於傾聽者

一個善於靜靜聆聽別人談話的人，他必定是一個富於思想，有縝密見識和品行、有謙虛柔和性格的人。這種人在人群中，最先也許不大被注意，但最後必定是最受人敬重的。因為他虛心，所以為每個人所喜歡；因為他善思，所以為每個人所信任。

4、隨機應變者

這種人頭腦反應迅速，像一台高速運轉的電腦，在一秒鐘內能正確分析自己目前處境的優劣並設法找到為自己開脫的理由，巧妙應變。

5、妙語反詰者

這種人不僅能說，而且會聽，對對方所說的話能夠抓住機會提出各種問題加以反擊，令對方啞口無言，進而一舉贏得論辯的勝利。

6、說服力強者

這種人是優秀而不可多得的外交型人才。他對別人的思想、感覺、看法瞭解得非常清楚，談別人的事如數家珍，能替人指點迷津，並能把那些和他不同的或相反的意見推倒移開，使談話照著自己設計的方案和計劃向前走。因此，這種人總是最後的贏家。比如三國時代的諸葛亮就是一位說服能手。

7、談吐幽默者

富有幽默感的人不但愉快的做事，更能愉快的說話，走到哪裡，歡樂就散佈到哪裡。這樣的人難免有缺點，但由於有情趣，使人歡笑，使人快樂，人人都願意與之相處。

幽默型的人，他們很少遵從邏輯的法則，相反的經常運用奇談怪論，或類似詭辯的手法，使對方如墜雲裡霧中。玩笑話、俏皮話、笑而不謔的話連續不斷，使舉座為之傾倒。這種才能特別發達的人，總是非常圓活、靈通的聰明人。有幽默感的人，是感覺敏銳的人、心理健康的人，也是笑顏常開的人、胸襟豁達的人，更是別人樂意與之交往、與之親近、與之為友的人。

8、滑稽搞笑者

這種人總是以一種調侃的方式，隨心所欲的對一個問題進行自由自在的解釋，硬將兩個毫不沾邊的東西黏連在一起，以造成一種不和諧、不合情理、出人意料的效果，進而在這種因果關係的錯位和情感與邏輯的衝突之中，產生出搞笑的藝術。

9、旁敲側擊者

這種人和人打交道善聽弦外之音，又會傳達言外之意，老於世故，擅長話裡有話，一語雙關。

10、軟纏硬磨者

這是一種性格頑強、不達目的誓不甘休的人。為了達到某種目的，他會採用軟纏硬磨法，友好的賴著對方的時間，賴著對方的情面，甚至賴著對方的地盤，不答應就是不撤退，不把事情辦成就是不回頭，搞得對方急不得惱不得，最後不得不答應他的要求。

七種似是而非的人

「誠實的話語常常不華麗雕琢；華麗雕琢的話語常常不誠實。」人世間有不少假像存在，人身上也有許多似是而非的東西。這些似是而非的東西經由嘴裡說出來，初聽好像是優點，實際是致命的缺點，對這種人要仔細看清楚，才能確定怎麼說話。

1、吹毛求疵者

這種人總是故意挑剔毛病，硬找差錯，沒有問題時只想弄出些問題。他有時偽裝成對工作事業認真負責的樣子，有時又換上一副蠻不講理的或自以為聰明透頂，或傲慢無知的面孔。不管他屬於其中的哪一種表現，吹毛求疵者心裡都懷著一個不正當的念頭，不願與人為善。當一個人處處都這麼做的時候，他不是銜著真理、正確原則而來的，他只是以此作為藉口和把柄，來達到自己不可告人的目的。但這樣做的結果是害人不利己。

2、花言巧語者

常言道：「虛浮不實的話語缺少仁愛。」像這種描寫「花言巧語」的說法還很多。

花言巧語聽起來十分順耳。但如果誰要是全信這一類話，久而久之，後果必然不堪設想。愛花言巧語的人總是以自己的利益為出發點去奉承別人，在別人被沖昏了頭之後，自己的私欲也得到了滿足。不僅如此，花言巧語中隱藏著一口陷阱，一口鮮花覆蓋的陷阱。經常是受害人掉進了陷阱後才發現。

獅子生了病，睡在山洞裡。牠對一直與牠親密要好的狐狸說道：「你若要我健康，使我能活下去，就請你用花言巧語把森林中最大的鹿騙到這裡來，我很想吃牠的血和心臟。」狐狸走到樹林裡，看見樹林裡活蹦亂跳的大鹿，便向牠問好，並說道：「我告訴你一個喜訊。你知道，國王獅子是我的鄰居，他病得很厲害，快要死了。他正在考慮，森林中誰能繼承他的王位。他說野豬愚蠢無知，熊懶惰無能，豹子暴躁兇惡，老虎驕傲自大，只有大鹿才最適合當國王，鹿的身材魁悟，年輕力壯，牠的角使蛇懼怕。我何必這麼囉嗦呢？你一定會成為國王。這消息是我第一個告訴你的，你將怎樣回報我呢？如果你信任我的話，我勸你快去為牠送終。」

經狐狸這麼一說，鹿給搞糊塗了，便走進了山洞裡，絲毫沒有想過會發生什麼事情。獅子猛然朝鹿撲過來，用爪子撕下了牠的耳朵。鹿拼命的逃回樹林裡去。狐狸辛辛苦苦白忙一場，牠兩手一拍，表示毫無辦法了。獅子忍著餓，嘆惜起來，十分懊喪。牠請求狐狸再想想辦法，用狡計把鹿再騙來。

狐狸說：「你吩咐我的事太難辦了，但我仍盡力去幫你辦。」於是，他像獵狗似的到處嗅，尋找鹿的足跡，心裡不斷盤算著壞主意。狐狸問牧人們是否見到一隻帶血的鹿，他們告訴他鹿在樹林裡。

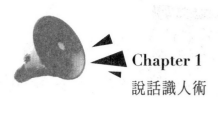

這時，鹿正在樹林裡休息，狐狸毫不羞恥的來到他的面前。鹿一見狐狸，氣得毛都豎了起來，說：「壞東西，你休想再來騙我了！你再靠近，我就不讓你活了。你去欺騙那些沒經驗的人，叫他們做國王。」

狐狸說：「你怎麼這樣膽小怕事？你難道懷疑我，懷疑你的朋友嗎？獅子抓住你的耳朵，只是垂死的他想要告訴你一點關於王位的忠告與指示罷了。你卻連那衰弱無力的手抓一抓都受不了。現在獅子對你非常生氣，要將王位傳給狼。那可是一個壞國王呀！快走吧，不要害怕。我向你發誓，獅子絕不會害你。我將來也專門伺候你。」狐狸再一次欺騙了可憐的鹿，並說服了他。

鹿剛一進洞，就被獅子抓住飽餐了一頓。狐狸站在一旁看著，鹿的心臟掉下來時，他偷偷的拿過來，把它當作自己辛苦的酬勞吃了。獅子吃完後，仍在尋找鹿的那顆心。狐狸遠遠的站著說：「鹿真是沒有心，你不要再找了。他兩次走到獅子家裡，送給獅子吃，怎麼還會有心呢！」

3、好講空話者

這種人說大話，愛虛名，行架空之事，談過高之理，言虛偽之言。愛說空話的人，當他的話不能兌現的時候，他為了維護自己的「尊嚴」，便會編出一些假話來搪塞，這樣，就常常使自己陷入失敗的泥潭而不自知。

有一天，眾多狐狸聚集在邁安特洛斯河邊，想要喝河裡的水。但因河水水流很急，牠們彼此只是說說而已，不敢跳下河去。其中有一隻狐狸，嘲笑同伴膽小，為顯示自己比牠們勇敢，牠壯著膽子跳入河中。湍急的河水一下就把牠沖到了河心，站在河邊的狐狸對牠說：「請不要離開我們，快回來，告訴我們從哪裡可以安全下去喝水吧。」被水沖走的狐狸卻回答說：「我想把一封寄往米利都的信送到那裡去，回來後我再告訴你們吧。」

王衍清談誤國，趙括紙上談兵，這是好講空話者的典型事例。他們最後都落了個身敗名裂、禍國殃民的下場。

4、鸚鵡學舌者

這種人自己沒有什麼獨到的見解，只是善於吸收別人思想中的精華，將別人的思想嫁接到自己的口中，在眾人面前宣講，給人造成「這個人還真行」的錯覺。無形之中令大家把他當高人看，進而崇拜尊敬他。鸚鵡學舌的性質說嚴重一點就是抄襲剽竊。在寫作方面，這種人不會成為真正的作家，在演說方面不會成為真正的演說家。

5、華而不實者

這種人說起話來滔滔不絕，頭頭是道，口若懸河，妙語生花，時髦理論總是嘴邊掛。開始和他接觸，容易對他產生好感，但接觸時間長了之後，這種人「金玉其外，敗絮其中」的本性會暴露無遺。

西元前六二二年，晉襄公手下有個大臣叫陽處父。他平時喜歡高談闊論，好自以為是的教訓他人。有一次，他奉襄公之命去衛國訪問，回來的時候路過魯國的寧城。寧城有個叫寧贏的人陪他同行。可是，剛走了幾天，寧贏離開陽處父獨自回家來了。寧贏的妻子很納悶，便問他為什麼這麼快回來。寧贏回答：「我雖然同陽處父相處只有幾天，但我發現他這個人好像是一株樹花開得好看，可就是不結果子。」寧贏歎了口氣，頗為感慨的繼續說：「華而不實，怨之所聚也。」這後一句話的意思是說：「你想想看，像這樣華而不實的人，別人定然都會怨恨他，積怨多了，我再跟著他，不僅不能得到好處，反而會受到連累的。所以，我就趕早回來了。」果然，一年以後，陽處父因為沒有真本事而被人殺了。

6、常發牢騷者

牢騷是個人在受到挫折時的一種抑鬱不平的精神性宣洩，也就是說些怪話、不滿的話。適當的發些牢騷，具有一定的積極意義。它是一種比較原始的「保護性措施」。但一個人經常發牢騷就意味著他適應社會能力的低劣，是一個無能的人，是一個只考慮個人得失的、喜歡斤斤計較的「小人」。經常發牢騷的人，不僅不會獲得社會的同情，反而會使其本人的層次更低，因為人們並不喜歡將發牢騷作為社交的主要形式。

7、絮絮叨叨者

這些人，腦子天生的糊塗，說話抓不住要領，看問題看不到本質，一談及問題，總覺得什麼都有理，什麼都聯繫得上，什麼都想說個明白，於是，不管他人是不是接受、能不能接受，不分先後次序、輕重緩急，統統將想說的都說出來，一直說到他人不耐煩為止。碰到這種人，最好的辦法是或者轉移話題，或者閉目養神，或者做自己的事，免得浪費時間。

CHAPTER 2

說話周旋術

在交際中，經常會碰到一些意想不到的事情，這時候，要麼是自己失言失態，要麼是對方反應不如預料之好，要麼是周圍環境出現了沒有預料到的變化，等等。

遇到有些猝不及防、進退維谷的情景，往往會令人啼笑皆非、狼狽不堪，最後陷入窘境。身處窘境如何解脫？那就需要巧妙周旋，隨機應變。

耐心與人周旋

我們難免碰到一些無理取鬧的人，倘若你對某人的不良或錯誤行為進行直接責備，他卻反過來與你頂撞，這時就要有良好的語言應變能力了。

如在一外國球場裡，一個大學生的視線完全被前面年輕婦女的帽子擋住了，於是他對她說：「請您摘下帽子。」可是婦女連頭也不回。

「請您摘下帽子。」大學生氣沖沖的重複一遍，「為了這個位子，我花費了十五歐元，卻什麼也看不見！」

「為了這頂帽子，我花了一百一十五歐元。我要讓所有的人都看它。」年輕的婦女說完，一動也不動的坐著。

她違反公共道德，卻反而振振有詞的反駁大學生的正常干預，讓人哭笑不得。碰到這種無理行為，你怎麼辦？許多人常常大發脾氣怒火中燒，大罵一頓無賴，可是到頭來，對方還是振振有詞，頭頭是道，「理由」充足得很。你自己倒氣得手腳發顫，只會說：「豈有此理，豈有此理。」

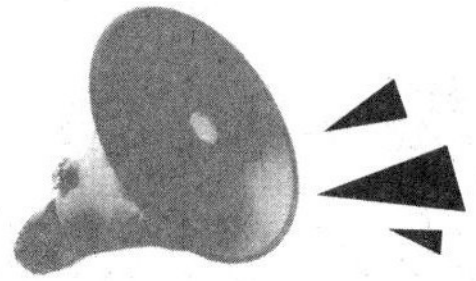

Chapter 2 說話周旋術

那麼，應該怎樣說話，才能反擊這種無理的行為，使對方覺得理屈詞窮、無言以對呢？有幾點值得注意：

1、情緒平和

遇到無理的行為，首先要做到的就是不要激動，要控制情緒。這個時候的心境平和，對反擊對方有重要作用：一是表現自己的涵養與氣度，以「驟然臨之而不驚，無故加之而不怒」的大丈夫氣概在氣質上鎮住對方，如一下子就犯顏動怒，變臉作色，這不是勇敢的行為。古人曰：「匹夫見辱，拔劍而起，挺身而鬥，此不足為勇也。」對方對此不但不會懼怕，反而會對你的失態感到得意。二是能夠冷靜的考慮對策，只有平靜情緒，才能從容選出最佳對策，否則人都弄糊塗了，就可能做出莽撞之舉來，更不要說什麼最佳對策了。

蕭伯納的名劇《武器與人》首演時，獲得極大成功。他應觀眾的要求來到台前謝幕。這時，有一個人在首座高喊「糟透了」。對於這種無理的語言，蕭伯納沒有怒氣沖沖，他微笑的對那人鞠了一躬，彬彬有禮的說道：「我的朋友，我同意你的意見。」他聳了聳肩，又指著正在熱烈喝彩的觀眾說道：「但是，我們倆反對這麼多觀眾又有什麼用呢？」觀眾中頓時爆發出更為熱烈的掌聲。

蕭伯納在反擊對方的過程中無論是那溫文爾雅的舉動，還是那調侃戲弄的言辭，都顯示出一種情緒的平和，單就這種情緒的力量，就足以壓倒對方。

2、反擊有力

對無理行為進行語言反擊，不能說了半天不得要領，或詞軟話綿，而要做到打擊點要準，一下子擊中要害；反擊力量要猛，一下子就使對方啞口無言。

有一個常愚弄他人而自得的人，名叫湯姆。這天早晨，他正在門口吃著麵包，忽然看見傑克遜騎著毛驢哼哼呀呀的走了過來。於是，他就喊道：「喂，吃塊麵包吧！」傑克遜連忙從驢背上跳下來，說：「謝謝您的好意，我已經吃過早飯了。」湯姆一本正經的說：「我沒問你呀，我問的是毛驢。」說完得意的一笑。

傑克遜以禮相待，卻反遭一頓侮辱。是可忍，孰不可忍！他非常氣憤，可是又難以責罵這個無賴。無賴會說：「我和毛驢說話，誰叫你愛插嘴？」於是傑克遜抓住湯姆語言的破綻，進行狠狠的反擊。

他猛然的轉過身子，朝著毛驢臉上「啪、啪」就是兩巴掌，罵道：「出門時我問你城裡有沒有朋友，你斬釘截鐵的說沒有。沒有朋友為什麼人家會請你吃麵包呢？」「啪啪」，傑克遜對準驢屁股，又是兩鞭子，說：「看你以後還敢不敢胡說。」

說完，翻身上驢，揚長而去。

傑克遜的反擊力相當強。既然你以你和驢說話的假設來侮辱我，我就姑且承認你的假設，借教訓毛驢，來嘲弄你自己建立的和毛驢的「朋友」關係，給你一頓教訓。

含蓄諷刺

對無理行為進行反擊，可直言相告，但有時不宜鋒芒畢露，露則太剛，剛則易折。有時，旁敲側擊，綿裡藏針，反而更見力量，可使對方無辮子可抓，只得自己種的苦果往自己肚裡吞，在心中暗暗叫苦，就像蘇格蘭詩人彭斯所做的那樣。

有一天，彭斯在泰晤士河畔見到一個富翁被人從河裡救起。富翁給了那個冒著生命危險救他的人一塊錢作為報酬。圍觀的路人都被這種無恥行徑所激怒，要把富翁再投到河裡去。彭斯上前阻止道：「放了他吧，他自己很瞭解他的一條命值多少錢。」

巧妙的隨機應變

一間旅館老闆測試三名男性應試者，問：「假如你無意推開房門，看見女客人正在淋浴，而她也看見你了，這時你該怎麼辦？」

甲答：「說聲『對不起』然後關門退出。」這種應對無稱呼，雖簡潔，但不符合侍者的職業要求，而且也沒使雙方擺脫窘境。

乙答：「說聲『對不起，小姐』。然後關門退出。」稱呼準確但不合適，反而加深了旅客的窘迫感。

丙答：「說聲『對不起，先生』。然後關門退出。」

結果，丙被錄用了。為什麼呢？因為他的這種隨機應變的說話技巧，維護了旅客的面子，異常得體、機智，表現出一個侍者所應該具有的職業素質和應變能力。

巧妙的隨機應變有以下六種方法：

1、示錯法

人們說話交談，總是儘量避免出現差錯。可是，在某些情況下，有意的念錯字，用錯詞語，卻有神奇的功效，能豐富語言的表現力，使人的談吐生輝。

當年在美國主辦《中西日報》的伍磐昭在一次演講中談到袁世凱，他說：「袁世凱生平只做了一件大益於中國的事。」聽者愕然，急於想知道是何事。他這才回答說這件大利大益於中國的事：「即是他死了，絕對的死了，很合時宜的死了。」

「很合適宜的死了」這一妙語，使在座的人都會意的笑了。

2、諧音法

說話時巧用諧音法，可以化平淡為神奇，取得出人意料的戲劇性效果。

清人鄭板橋在濰縣做縣令時，逮捕了一個綽號「地頭蛇」的惡棍。惡棍的伯父和舅舅因為與鄭板橋是同科進士，便帶著酒菜連夜登門求情。在酒席上，進士提出要行個酒令，並拿起一個刻有「清」字的骨牌，一字一板的吟道：「有水念作清，無水也念青，無水添心便念精。」鄭板橋更正道：「兄弟差矣，無水添心當念情。」進士聽了大喜。鄭板橋猛然感到中了計，緊接著大聲說道：「酒精換心方講情，此處自古當講清。老鄭身為七品令，不認酒精但認清。」那兩人見狀，只好告辭。

這裡，這位進士巧用諧音求情，而鄭板橋更妙用諧音變化，表明了為官一身清、絕不徇私的態度。

3、點化法

宋代《過庭錄》記載：滑稽才子孫山和一個同鄉的兒子一起去考舉人。孫山考中了最末一名。孫山回家以後，這個同鄉就問孫山，他的兒子考中了沒有，孫山不直截了當的回答，而是仿照歐陽修的詞《踏莎行》中「平蕪盡處是春山，行人更在春山外」的句子，念了這樣兩句詩：「解名盡處是孫山，賢郎更在孫山外。」意思是說：「你的兒子沒有考中。」從此以後，人們就把榜上無名說為「名落孫山」。

在這裡，孫山的回答就使用了「點化」這種修辭方法。他把歐陽修詞中的句子巧妙的加以改造，委婉而風趣的表達了自己的意思。

4、顛倒法

顛倒詞序法可以增強語意，使交談語言更加深刻。顛倒詞序，可以改變語意，使交談朝著有利的方向發展。

曾國藩在鎮壓太平天國時，幾遭挫折，連連失敗。他打算請求皇上增援軍隊，於是就草擬了奏章，作為面奏時的「稿子」，其中講到戰績時，不得不承認「屢戰屢敗」。一位師爺看了這個奏章後，覺得不妥，他在「屢戰屢敗」前苦思良久，忽然靈機一動，將「戰」與「敗」兩字調換一下位置，這樣「屢戰屢敗」變成「屢敗屢戰」，進而使這句話的意思起了實質性的變化。

「屢戰屢敗」表現為無能；「屢敗屢戰」卻表現為無限英勇。次日，皇上聽了曾國藩面奏「臣屢敗屢戰」一語後，果然龍顏大悅，認為他在失敗面前鬥志不滅、百折不撓，從此他福星高照，形象大好，連連受到皇上恩澤。

實踐表明，在一定的情況下，採用顛倒詞序的方法，能更好的表達人們所要表達的內容。

蕭伯納訪問上海時有這樣一個趣聞。上海那幾天天氣一直十分陰晦。林語堂先生陪著蕭伯納在花園裡散步時，天氣放晴了，耀眼的陽光照在他們身上。林語堂先生說：「蕭先生，您福氣真大，可以在上海看見太陽。」蕭伯納卻說：「不，是太陽的福氣，可以在上海看見蕭伯納。」

5、牽連法

順勢牽連也是一種應變方法。

山東蓬萊一位導遊為八位日本客人導遊，當講完「八仙過海」的故事後，一位日本客人問：「八仙過海漂到哪裡去了？」這是一個難題，沒有人考證過。

導遊一見眼前的八位日本客人，突然靈機一動，答道：「我想，為發展中日兩

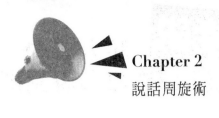

國人民的友誼，八仙過海東渡到日本去了吧！」日本客人一聽，高興得笑起來。導遊的回答巧妙的把眼前的情景、巧合的數字（八仙過海，八位客人）順著客人的問話和中日兩國人民的友誼，自然的連了起來。

順勢牽連的應急藝術，確能有效的使人從困境中擺脫出來，但是，必須注意，「牽」得要自然，「連」得要巧妙，不能牽強附會，否則會弄巧成拙。

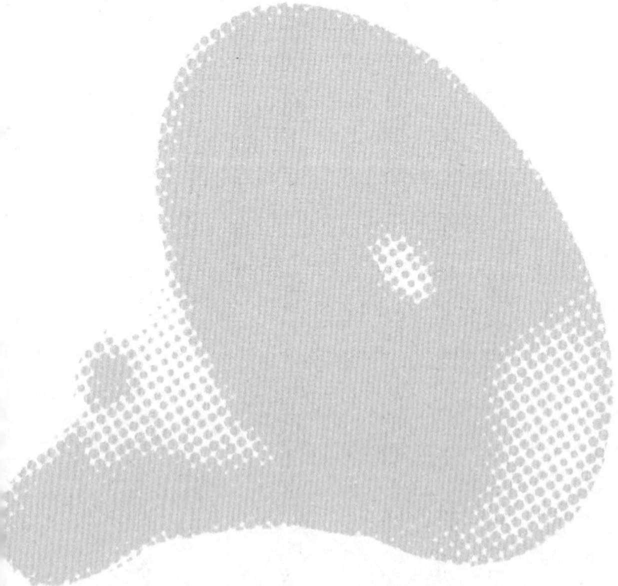

巧妙應對別人的羞辱

公然直接羞辱人的言語不論是卑鄙的、惡毒的、殘酷的還是無聊的，都有一個共同點——說話的人很衝動。應付這種情況的基本對策是保持沈著冷靜，不因別人的冒犯而張口結舌，這樣才能穩操勝券。人與人相處，可能產生的摩擦何止千種，更複雜瑣碎的情況要自己去類推和發展，而且去實踐。

在羞辱面前，儘量做到以下幾點：

第一，不要花太多時間和精力去自尋煩惱，「為什麼這個人對我如此無理？」這些人有的就是生來有一張「攻擊」他人的嘴巴，其實並無惡意。所以你沒有必要去設想這種人一定有別有用心的動機。這種人很可能沒有意識到你的感情會受到傷害。當你坦率的指出他的失禮時，那些並無惡意而是缺乏社交經驗的冒犯者就會向你表示歉意。

第二，要視具體對象和情形區別對待。假如是主管當著你同事的面訓斥你，而且可能一向如此，這時，就應該冷靜的對他說：「我們個別談談這個問題，好嗎？」

第三，如果羞辱來自配偶或是好友，你千萬不要報以刻薄的挖苦或諷刺，而應向對方講明，你覺得感情受到了傷害，明確的告訴對方今後不要這樣做，否則你就難以再信賴他（她）了。

如果有人故意出你的醜，讓你難堪，你可以以牙還牙，採取更嚴厲的反制。有時你必須打破僵局，使這種窘迫場面馬上結束，可以這樣說：「你顯然是想存心讓我下不了臺，能告訴我你這樣做的目的嗎？」或者說：「你似乎有些心煩意亂，我是否有什麼地方惹你不高興了？你能告訴我嗎？」

另外，無論你怎麼做，都必須注意避免發火動怒。如果你不是沉著從事，而是失去理智，那就會給挑釁者提供機會，讓其佔據優勢，結果使自己處於更為不利的地位。

巧妙應對語言傷害

「你真的沒救了！」

「啊！多麼漂亮的衣服，只可惜你穿了不太合身。」

「還在浪費時間練小提琴？死了這條心吧，你永遠也不會像ＸＸ拉的那麼好。」

諸如此類傷人的話我們幾乎天天聽到，有意和無意說這類話的人可能會因此而使得你一蹶不振。這些傷害別人的人往往還冠冕堂皇，他們總是說：「親愛的，要是我不愛你的話，我怎麼會這麼說呢？這完全是為了你好。」或者說：「要是你不介意我直率的話……」

在很多情況下，你可能會因為自己受到無緣無故的傷害，而發展成一種保護自己和以牙還牙的心理。然而，你這樣做只會使你陷入「反擊與不反擊」的無端糾纏與煩惱之中。我們其實有更好的辦法來對付它。下次當你面臨如此境地時，不如照以下幾個方法去做。

1、冷靜分析

幾乎所有用語言傷害別人的人都是事出有因。他們的內心鬱悶難解，他們一有機會就要發洩自己心中的怨氣與憤怒，他們如此並非真正是單獨針對你。

不耐煩的女招待不是有意找你的碴，她和男友昨晚可能吵架；司機惡聲惡氣在中途就叫你下車，這也並不是你在什麼地方冒犯了他，他還要趕往醫院看望病危的愛子。設身處的一想，心裡也就好受得多。

2、發出信號

有一個男子總喜歡在很多人面前挑妻子的毛病，妻子因而十分惱火。她決定不能讓丈夫再如此下去。於是，以後她跟丈夫一起出去時就隨身帶一塊小毛巾，每當她看到丈夫將要惡語相加時，就把毛巾戴到他頭上，在驚訝和羞辱之中，做丈夫的從此再也不敢當眾出妻子的醜。對那些一而再、再而三好挑剔的人用信號的方法對他們進行事先警告，是防止被傷害的有效辦法。

3、反唇相譏

海頓‧愛爾京在《保護的藝術》一書中說，回擊的切實可行的方法是抓住對方污蔑性的話，找出漏洞，從反面回答問題。比如愛人說：「如果你愛我的話，那你就必須減肥。」你可以反問：「你有多久認為我不愛你了？」這樣借對方的話，機智的加以運用，使說話者自覺無理。

4、置若罔聞

隨他說去，將逆耳之語當耳邊風，樂得一身輕鬆。如果你妻子說：「親愛的，你又增加十公斤了吧！」回答：「實際上是十五公斤。」如果她還說：「那是否想點辦法呢？」你就說：「先胖一陣子再說。」我們要學會原諒，原諒別人是人類得以生存的本領。

5、百分之十

再等百分之十的時間，你有可能在另一家商店買到更便宜的東西；百分之十的時間，你的朋友會因說出的話而向你道歉；百分之十的時間，使你有更清醒的頭腦，進而不至於在盛怒下失去控制。受到別人的傷害，我們都有可能怒髮衝冠，但你要暫且使自己先靜下來，然後才去想辦法對待。要知道，大多數人不是有意要傷害我們。事實上，我們永遠也無法避免受到傷害，傷害是我們生活的一部分。既然如此，何必憂之恨之？除此之外，要想別人不傷害你，還要時刻想到不要傷害別人。只有這樣，才能活得輕鬆，活得愉快。

及時彌補失言

發生口誤導致失言，這是讓人感到尷尬的事。失言雖然不可避免，但是也並沒有想像中那麼可怕，只要累積經驗、掌握技巧，就能夠在一定程度上挽回失言所帶來的惡劣影響。為了使自己的錯誤能夠及時得以補救，創造良好的人際關係和心境，最要緊的是掌握必要的糾錯方法。

1、將錯就錯

這種方法是指，在錯話出口之後，能巧妙的將錯話續接下去，最後達到糾錯的目的。其高妙之處在於，能夠不動聲色的改變說話的情境，使聽者不由自主的轉移原先的思路，不自覺的順著我的思維而思維。

某次婚宴上，來賓濟濟，爭向新人祝福。一位先生激動的說道：「走過了戀愛的季節，就步入了婚姻的漫漫旅途。感情的世界時常需要潤滑。你們現在就好比是一對舊機器……」其實他本想說「新機器」，卻脫口說錯，令舉座譁然。一對新人更是不滿溢於言表，因為他們都各自離異，歷盡波折才成眷屬，自然以為剛才之語隱含著譏諷。那位先生發覺出錯，馬上鎮定下來，略一思索，不慌不忙的補充一句：「已經過了磨合期。」此言一出，舉座稱妙。這位先生繼而又深情的說道：「新郎新娘，祝願你們永遠沐浴在愛的春風裡。」大廳內掌聲雷動。

這位來賓的將錯就錯令人叫絕。錯話出口，索性順著錯處續接下去，反倒巧妙的改換了語境，使原本尷尬的失語化作了深情的祝福，同時又道出了新人間情感歷程的曲折與相知的深厚，頗具點石成金之妙。

2、借題發揮

這種方法是指，錯話一經出口，在簡單的致歉之後立即轉移話題，有意借著錯處加以發揮，以幽默風趣、機智靈活的話語改變場上的氣氛，使聽者隨之進入新的情境中。

曾有一個剛畢業的大學生去某外商公司求職，一位負責接待的先生遞過來名片。大學生神情緊張，匆匆一瞥，脫口說道：「滕野木石先生，您身為日本人，拋家別舍，來華創業，令人佩服。」那人微微一笑：「我姓滕，名野柘，道地的中國人。」大學生面紅耳赤，無地自容。片刻後，神志清醒，他誠懇的說道：「對不起，您的名字使我想起了魯迅先生的日本老師——藤野先生。他教給魯迅許多為人治學的道理，讓魯迅受益終身。今天我在這裡也學到了難忘的一課，那就是『凡事認真』。希望滕先生日後也能時常指教我。」滕先生面帶驚奇，點頭微笑。經過認真的考核，最終錄用了他。

借題發揮，妙在一個「借」字，重在一個「發揮」上。借什麼樣的「題」，如何發揮，這是關鍵之所在。很顯然，它並不是不動聲色的續接錯處，而是有意渲染和凸顯錯處，借機大作文章，為自己的錯話尋找最佳的解釋。這位大學生便是借對方的名字有意發揮，巧妙的將話題引向了魯迅的恩師藤野先生，既消除了望文生義將對方誤作日本人的尷尬，又語義雙關，誠懇的檢討了自己的不認真，同時又不失時機的暗示了願在該公司效力的願望，可謂糾錯有術，別具新意。

3、曲解翻新

這種方法是指，將一些現成的詩句、成語、俗語、歇後語、名言等有意別解，翻出新意，以掩飾自己言語中的某些疏漏。在這種情況下，說錯者不僅容易取得對方的諒解，而且會以幽默詼諧、機智風趣博得對方的好感。

一次聚會上，某人不慎將一馮姓小姐的姓氏誤記為「牛」，對方頓感不悅。其人大窘，略一思忖，繼而說道：「對不起，這真是馮（風）馬牛不相及了！」說得馮小姐噗哧一笑，不由得對他刮目相看。

實際生活中，這種曲解翻新的情況還是較為常見的。這樣既顯得俏皮，又見出修養。但在曲解翻新時，切忌庸俗淺薄，也忌冗長拖遝，更不可「掉書袋」。

4、及時改口

這種方法最簡單，就是對剛剛說出口的錯話及時的改口。

一次，美國總統雷根訪問巴西，由於旅途疲乏年歲又大，在歡迎宴會上，他不由脫口說道：「女士們，先生們！今天，我為能訪問玻利維亞人民而感到非常高興。」有人低聲提醒他說溜了嘴，雷根忙改口道：「很抱歉，我們不久前訪問過玻利維亞。」儘管當時他並未去玻國，可是，當那些個不明就裡的人還來不及反應，他的口誤已經淹沒在那滔滔的大論之中了。

這種將說錯的地點以時間去加以掩飾的方法，在一定程度上起到了避免當面出醜的作用，不失為補救的有效手段。只是，這裡需要的是發現及時、改口巧妙的語言技巧，否則要想化解難堪也是困難的。

5、反向解釋

這種方法是指，抓住所說錯話中的關鍵字語，給予另一種不同的解釋，或增加或削減原話，使原話的意義陡然改變，以此補救失言。

老舍先生在《茶館》一劇中，寫到常四爺不小心說了句「大清國要完了」的話，被特務宋思子聽到，企圖抓住把柄羅織罪名。宋思子質問：「剛才你說大清國要完了？」常四爺頓感失言，卻辯解說：「我，我愛大清國，怕它完了！」瞧，常四爺對自己的言語失誤，其辯解可謂別具一格吧！他只在「完了」這個話語前加上「怕它」二字，就把原來的「恨」轉變成「愛」，進而為自己打了個漂亮的圓場。這就是反向解釋補救失言藝術的高超之處啊！

6、巧妙復位

這種方法是指，對於在數量、級別等方面發生的口誤，可採用一增一減、一升一降的「復位法」，以巧妙詼諧的方式自圓其說。在數量、級別等方面發生口誤是非常常見的失言形式，採用「復位法」是應付這一類失言較為有效的方法。

例如，在一次頒獎典禮上，主持人甲錯把別人的二等獎報成了三等獎，主持人乙為了打圓場，就可以這樣對觀眾說：「剛才甲把人家的二等獎降了一級，現在我看應該升一級，給人家頒發一等獎的獎品，不知大家同意不同意？」在觀眾的笑聲中，被錯報者的不快自然就消除了。這就是「重定法」的大致模式。

中國著名相聲演員馬季，有一次到湖北省黃石市演出。在他表演之前，有一位演員錯把「黃石市」說成了「黃石縣」，引起了聽眾的哄笑。

在笑聲中，馬季登臺演出。他張口就說：「今天，我們有幸到黃石省演出……」這話把哄笑聲中的聽眾弄糊塗了。正當大家竊竊私語時，馬季解釋道：「方才，我們的一位演員把黃石市說成縣，降了一級。我在這裡當然要說成省，給提上一級。這樣一降一提，哈！就平啦！」幾句話，引得全場哄堂大笑，馬季機智巧妙的給圓了場，使演出得以順利進行。

7、諧音轉換

這種方法是指，利用漢語字、詞的同音異義或同音多義現象，將「失言」中的關鍵之字詞替代、轉換一下，變成另外一種意思。這是一種最便捷的補救失言方法。

荀慧生的京劇《大英傑烈》中有一段對白：

陳秀英：若要成婚配，頭先打太原。

關秋蘭：幹什麼要打太原呢？

陳秀英：我要替夫報仇！

關秋蘭：啊，替夫？

陳秀英：不是，替父報仇，我父為太原總鎮石須龍所害。

劇中陳秀英由於一時氣憤說走了嘴，暴露了自己女扮男裝的祕密，但她急中生智，利用「夫」與「父」的諧音關係，不動聲色的轉換了話題。

8、順水推舟

這種方法是指，一旦失言，不妨順著所「失」之「言」發揮下去，推出另一種意思來。這種辦法往往能化拙為巧。

一位青年到女友家參加未來岳父的六十歲壽宴。席間，他把未來岳父的年齡說小了一歲。他發覺後馬上又敬了一杯酒，說：「我祝您老過一次生日年輕一歲，越活越年輕！」一席話把老人說得開懷大笑。這位青年的機智在於，他沒有為自己的失言而驚慌失措，而是從容不迫，順著所失之「言」的意思推導出另外一種與此類似但卻意義截然不同的說法來。有時不僅能彌補失言造成的尷尬，而且順推發揮得宜還能不露痕跡，讓人以為你本來就沒有失言，本來就這麼聰明而有口才！

9、原話重複

有時，一些莫名其妙的口誤確實很難採用某種技巧來加以補救，這時還有一個最簡單、最誠實的辦法，那就是撇開口誤，重說一遍。這樣做雖然不一定有最好的效果，但這是沒有選擇的選擇，況且修正錯誤是首要的，對方見你態度誠懇，也會理解和原諒的。

某軍校女學員在一次演講比賽中這樣結尾：「總之，我們全隊男同學個個奮勇爭先，都是鐵錚錚的軍中『女丈夫』！」話音未落，她就意識到口誤了，怎麼辦？她沒有將錯就錯，而是認認真真的把結尾重新講一遍，會場立刻掌聲四起，既為她的精彩演講，也為她勇於改正錯誤、一絲不苟的態度而喝彩、鼓掌。

10、顛倒語序

這種方法是指，將說錯的話的語序顛倒過來，形成另一種解釋。

一個業餘作者向某文學刊物投寄一篇小說。有一天他來編輯部詢問，一位編輯開口就問：「這篇小說是你寫的——」「嗎」字還未出口，他馬上意識到失言了，連忙改口道：「我是說，這篇小說是你寫你自己的吧！」

把「你寫」顛倒成「寫你」，再加上「你自己」的重讀強調，編輯便把剛剛流露的對作者才能的懷疑、輕視的意思輕輕的抹掉了。

換個說法會更好

我們經常需要向別人表達一些不太好說的意思，比如請求、談判、批評等。這些話之所以不容易說出口，是因為人類具有自尊心，誰都不願意遭到拒絕、指責和冷漠對待。一般人內心深處都有自私自大的想法，都認為自己應該是最好的，一旦現實與心願不符合，不可一世的自尊就會受到傷害，進而轉變成傷悲、仇恨、鄙視、嫉妒等惡劣的情緒，並且早晚會表現出來。

有一頭熊大肆吹噓，說牠很愛人類，因為牠從不吃死人。一隻狐狸不以為然，但同時牠又害怕熊的大力氣，於是含蓄的說：「但願你把死人撕得粉碎，而不要危害那些活著的人。」

好在語言具有多樣化的特點，一樣的意思可以用多樣的話說出來，而斤斤計較的人聽到用不同的說法講出的同樣意思，也會有不同的反應。這種情況使智慧的說話方式大有用武之地，也向我們證明。人類身為高等動物所獨有的自尊心，是多麼愚蠢的一種心理，因為老狐狸正好利用這種幼稚的心理就可以把人玩弄於股掌之上。

比如，你要批評一個人所寫的文章，如果直言不諱，顯然會令他難堪。但是，你可以換個說法，找出他的文章中一些可取之處，先滿足他的自尊心，待他興高采烈，視你為知音的時候，再把批評轉化成建議提出來，這樣他就會心悅誠服的接受你的意見，還對你很欽佩。你可以這樣說：「我一看開頭就想看下去，我發現你一貫擅長把開頭寫得引人入勝，勾起人的好奇心。要是結尾不是這樣寫，而是換另一種思路，可能就更能與開頭相呼應了，你說呢？」既然沒有觸及到自尊心，那麼他當然會冷靜虛心的考慮你的意見。

說什麼固然重要，但怎麼說更為關鍵，人的情緒常常蒙蔽了人的眼睛，使他看不透語言背後的意思，而只能最淺薄的從對方的用語上來理解。因此完全可以表面上說他愛聽的話，而把真正意圖隱藏在這些話裡，也就是「話裡有話」，讓他心甘情願的跟著你的思路走。

一位顧客進了一家地毯商店，看上了一款地毯。

顧客問道：「這種地毯多少錢？」

店老闆立即熱情的接待了他，回答道：「每平方公尺二十四元八角。」

顧客聽完這句話，什麼都沒都說就走了。顯然，他覺得價格有點高。

店老闆的一位朋友在旁觀察，他說：「你的推銷方式太陳舊了，應該換一種方式。」於是他試著以營業員的口吻說：「先生，這地毯不貴。讓您的臥室鋪上地毯，每天一角錢就夠了。」

老闆大為不解，這位朋友忙解釋道：「假設臥室地毯需要十平方公尺的話，要二百四十八元；地毯壽命為五年，計一千八百多天，每天不就是一角多錢嗎？一支香菸錢都不到。」

老闆一拍大腿，恍然大悟的說：「高明！你這一招一定行。」

果然，換一種表達方式，商店的生意就好多了。

含蓄是一種藝術

言有盡而意無窮，餘意盡在不言中。在說話中，把重要的、該說的部分故意隱藏起來，或說得不顯露，卻讓人家明白自己意思的手法，便是含蓄的手法。

含蓄，是一種修辭手法。它是指在講話時不直陳本意，而是用委婉之詞加以烘托或暗示，讓人思而得之。而且越揣摩，含義越深越遠，因而也就越是有吸引力和感染力。說話委婉含蓄，是一種藝術。之所以說含蓄是說話的藝術，是因為它表現了說話者駕馭語言的技巧，而且也表現了對聽眾想像力和理解力的信任。

生活中有許多事情是「只需意會，不必言傳」的。如果說話者不相信聽眾豐富的想像力，把所有的意思和盤托出，這種詞意淺陋、平淡無味的話語不但不會使人愉快，而且會使說話失去魅力。含蓄主要具有如下三方面的作用：

第一，人們有時在表露某種心事，提出某種要求時，常有種羞怯、為難心理，而含蓄暗示的表達則能解決這個問題。

第二，每個人都有自尊心。對對方自尊心的維護或傷害，常常是影響人際關係好壞的直接原因；而有些表達，如拒絕對方的要求，表達不同於對方的意見，批評對方等，又極容易傷害對方的自尊。這時，含蓄的方式常能取到既能完成表達任務，又能維護對方自尊的目的。

第三，有時在某種情境中，例如礙於第三者在場，有些話就不便說，這時就可用含蓄的方式。

在什麼情況下說話要含蓄呢？

1、有些話不便直說時，要用含蓄的方式

傳說漢武帝晚年時很希望自己長生不老，一天，他對侍臣說：「相書上說，一個人鼻子下面的『人中』越長，命就越長；『人中』長一寸，能活百歲。不知是真是假？」

侍臣東方朔聽了這話後，知道皇上又在做長生不老夢了，皇上見東方朔似有譏諷之意，面有不悅之色，喝道：「你怎麼敢笑話我？」

東方朔脫下帽子，恭恭敬敬的回答：「我怎麼敢笑話皇上呢？我是在笑彭祖的臉太難看了。」

漢武帝問：「你為什麼笑彭祖呢？」

東方朔說：「據說彭祖活了八百歲，如果真像皇上剛才說的，『人中』就有八寸長，那麼，他的臉不是有丈把長吧？」漢武帝聽了，也哈哈大笑。

這種委婉含蓄的批評，漢武帝卻是愉快的接受了。

人們談起《水滸傳》裡的魯智深，便會立即想起他那心直口快的「炮筒」形象來。其實，即使是最直率的魯智深，有時也離不開委婉，說話也有含蓄的時候。魯智深三拳打死鎮關西後，為了逃避官家的追捕，只得削髮為僧。有這樣一段對話：

法師：盡形壽，不近色，汝今能否？

智深：能。

法師：盡形壽，不沾酒，汝今能否？

智深：能。

法師：盡形壽，不殺生，汝今能否？

智深：（猶豫了）

法師：（高聲催問）盡形壽，不殺生，汝今能否？

智深：知道了。

要魯智深不近女人不飲酒，他能做到；要他不懲殺世間的惡人，實在難辦。但此時若答「不能」，則法師必不許其剃髮為僧，他就無處藏身了，因此來一個靈活應付，回答「知道了」。法師面前過得關，又不違背自己的本意，真是兩全其美。

2、有些話不必直說時，要用含蓄的方式

從前，有個酒店老闆，脾氣非常暴躁。一天，有個客人來喝酒，才喝了一口，嘴裡便叫：「好酸！好酸！」老闆聽後大怒，不由分說，把客人綁起來，吊在屋梁上。這時來了另一位顧客，問老闆為什麼吊人，老闆回答：「我店的酒明明香醇甜美，這傢伙硬說是酸的，你說該不該把他吊起來？」來客說：「可不可以讓我嚐嚐？」老闆殷勤的端了一杯酒給他，客人喝了一口，酸得皺眉眯眼，對老闆說：「你放下那個人，把我吊起來吧！」

這位客人委婉含蓄的說法，既收到強烈的諷刺效果，又顯得非常藝術。

3、為了增強交際的效果，要用含蓄的方式

美國有一位傳奇式的籃球教練，叫派邁爾。他帶領的大學籃球隊曾獲得三十九次國內比賽的冠軍，使球迷們為之傾倒。可是有一年，他的球隊在蟬聯二十九次冠軍後，遭到一次空前的慘敗。比賽一結束，記者們蜂擁而至，把他圍個水洩不通，問他這位昔日冠軍教練此時此刻有何感想。

他微笑著，不失幽默的說：「好極了，現在我們可以輕裝上陣，全力以赴的去爭奪冠軍，背上再也沒有冠軍的包袱了。」

曾兩度競選總統均敗在艾森豪手下的史蒂文生，也從未失去幽默。在他第一次榮獲提名競選總統時，他承認的確受寵若驚，並打趣說：「我想得意洋洋不會傷害任何人，也就是說，只要不吸入這空氣的話。」幾年後的一天，史蒂文生應邀在一次餐會演講。他在路上因為閱兵行列的經過而耽擱，到達會場時已遲到了。他表示歉意，並解釋說：「軍隊英雄老是擋我的路。」

史蒂文生使用巧妙含蓄的語言，用一句句輕鬆、微妙的俏皮話，說得很委婉，改變了他在人們心目中的形象，使聽眾感到他並不是一個失敗者，而是個贏家，使他在人們心中不可抹滅，值得紀念。這便是說話委婉含蓄的美妙之處。

在談判中儘量使用婉語

談判中，往往會遇到要直接面對對手，有時無法直接駁回其意見或建議的場面。這時你不妨用一些委婉的語言來回答對方。這樣，易於被對方接受。

傳說在明代，有個地方新開一家理髮店，門前貼出一副對聯：

磨礪以須，問天下頭顱幾許？

及鋒而試，看老夫手段如何？

這副對聯論文句妙則妙矣，但讀起來令人害怕，磨刀霍霍，殺氣騰騰，令人毛骨悚然。這家理髮店因而門庭冷落。

另有一家理髮店，貼出了一副對聯：

相逢盡是彈冠客，

此去應無搔首人。

「彈冠」取自「彈冠相慶」，含準備做官之意，此處又正合理髮人進門脫帽彈冠。「搔首」，愁也。「無搔首」即心情舒暢，這裡又指頭髮理得乾淨，人感舒適。

吉祥之意與理髮之藝巧妙結合，語意委婉含蓄。這家理髮店自然生意興隆。

委婉可以發人深省，可以做到柔中有剛，剛柔共濟，容易使對方入情入理。語言的委婉，還可以表現某種靈活性。

談判中，不要去評判對方的行為和動機。這是因為，世界上的情況很複雜，你的評判不一定正確，而判斷失誤最容易造成對方更大的不滿。此外，即使你的評判是對的，但由於直言而失去了迴旋的餘地，有時反而很被動。

試看下面幾個例子：

父親走到孩子房間，說：「這地方看起來像個豬窩！」

太太對丈夫說：「你把我的話當耳邊風啊！你不會學學把碟子放進水槽之前，先把剩菜倒掉嗎？」

一位母親向孩子吼道：「你放的音樂太大聲了，鄰居都被吵昏頭了！」

一位談判者對對方說：「你對這些資料的分析，特別是費用計算的方式全都錯了！」

上述幾例的說話者，都扮演了評判的角色。這種說話方式，因為不顧及對方的自尊心，即使內容正確，也會不知不覺影響說服力。

要消除這種問題也不複雜，就是把話中的「你」改成「我」，這樣，把對方的評判改為表達個人的情感、反應和需要就委婉多了，對方就容易接受了。就上面幾例而言，經改變後可以成為下面的說法：

✔每次看到這個房間沒有收拾乾淨，我就替你難受。

✔如果把碟子的剩菜先倒乾淨再洗，我可以節省一半時間。

✔聲音太大，我難以習慣。

✔我的資料和你有所不同，我是這樣計算的……

談判中，應儘量使用委婉語言。如稱對手是「敵方」，就不如說為「對方」；說對方在「耍陰謀」或「耍心機」，就不如說對方「不夠明智」。營業員與顧客談交易，最好把「胖」（特別是對女顧客）說成「富態」或「豐滿」，把「瘦」說成「苗條」或「清秀」。如此等等。

談判中，儘量避免說「我要證明你的錯誤」這樣的話。這句話等於說：「我比你聰明，我要使你明白。」這種話等於是一種心理的挑戰，會引起對方的反感，使人在你還沒有開始說話時，就先有一種敵對的心理。

假如你要證實一件事情，使對方明白自己的看法是錯的，你就要巧妙的去做，使人心裡接受。談判中，如果別人說了一句話，你認為有錯，即使他真的錯了，你也應這樣說比較妥當：「好了，現在你看我有另一種看法，但我的不見得對，讓我們看看事實如何。」或者說：「我也許不對，讓我們看看事實如何。」

你自己要確定一個信念，即使自己的看法絕對正確，也要慢點說出自己的意見，尤其要避免用含有肯定意思的字眼。例如將「當然的」、「無疑的」改為：「我想……」、「我認為……」、「可能如此……」、「目前也許……」等等。

關於含蓄的表達，推薦以下幾種方法：

第一，仔細研究事物之間的內在聯繫，利用同義詞語來表達自己的思想，達到含蓄效果。

第二，用極其籠統概括的語言來表達自己的思想，達到含蓄效果。

第三，有許多修辭方式，如比喻、借代、雙關、暗示等可以達到含蓄的效果。

第四，有些事情，不必直接點明，只需指出一個較大的範圍或方向，讓聽者根據提示去深入思考，尋求答案，可達到含蓄的效果。

第五，透過側面回答一些對方的問題，可以達到含蓄的效果。

第六，使用含蓄的方法要注意，含蓄不等於晦澀難懂。它的表現技巧首先是建立在讓人聽懂的基礎上，同時要注意使用範圍。如果說話晦澀難懂，便無含蓄可言。
如果使用含蓄的話不分場合，便會引起不良後果。

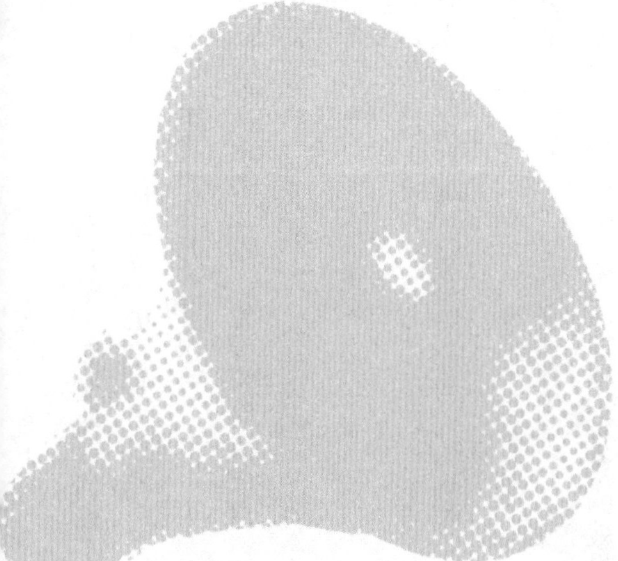

亂插嘴的人令人討厭

在社交場上，你時常可以看到你的一個朋友和另外一個不認識的人聊得起勁，此時，你可能就會有加進去的想法。因為你不知道他們的話題是什麼，而你突然加入，可能會令他們覺得不自然，也許因此話題接不下去。更糟的是，也許他們正在進行著一項重大的談判，卻由於你的加入使他們無法再集中思想而無意中失去了這筆交易；或許他們正在熱烈討論，苦苦思索解決一個難題，正當這個關鍵時刻，也許由於你的插話，會導致對他們有利的解決辦法告吹，到後來場面氣氛就會轉為尷尬而無法收拾。此時，大家一定會覺得你沒有禮貌，進而人家都厭惡你，導致社交失敗。

假設一個人正講得興致勃勃時，你突然插嘴：「喂，這是你在昨天看到的事吧？」說話的那個人因為你打斷他說話，絕對不會對你有好感，很可能其他人也不會對你有好感。

許多不懂禮貌的人總是在別人談著某件事的時候，在說到高興處時，冷不防半路殺進來，讓別人猝不及防，不得不偃旗息鼓。這種人不會預先告訴你，說他要插話了。他插話時有時會不管你說的是什麼，就將話題轉移到自己感興趣的方面去，有時是把你的結論代為說出，以此得意洋洋地炫耀自己的口才。無論是哪種情況，都會讓說話的人頓生厭惡之感，因為隨便打斷別人說話的人根本就不知道尊重別人。

培根曾說：「打斷別人，亂插嘴的人，甚至比發言者更令人討厭。」打斷別人說話是一種最無禮的行為。每個人都會有情不自禁地想表達自己想法的願望，但如果不去瞭解別人的感受，不分場合與時機，就去打斷別人說話或搶接別人的話頭，這樣會擾亂別人的思路，引起對方的不快，有時甚至會產生誤會。

要獲得好人緣，要想讓別人喜歡你，接納你，就必須根除隨便打斷別人說話的陋習，在別人說話時千萬不要插嘴，並做到：

✔不要用不相關的話題打斷別人說話。

✔不要用無意義的評論打亂別人說話。

✔不要急於幫助別人講完事情。

✔不要為爭論雞毛蒜皮的事情而打斷別人的話題。

打斷別人說話易引起抵觸情緒

要說服他人，首先必須學會聽對方講話。他人的自我意識好像一個衛兵，站在他的潛意識的入口，如果你喚起了他的自我意識或把它激發過重的話，他絕不會接受你的意見。因此，想說服對方時，先不要打斷他，讓他陳述他的意見和理由，即使你無法同意和接納，也不要打斷對方，尤其是提出正面反對意見時，更應先聽對方的意見。等聽完後再開始說「你說得很有道理，但是……」等反對理由。

心理學家提出一個概念——心理準備：若一個人肚子裡有事，他就會啟動其心理準備講話，直到他把事情全部說完，他的心理準備才會轉而聽你的意見。所以，假如你想讓自己的意見被對方聽進去，達到說服他的目的，首先必須學會聽對方講話。這麼一來，對方會有一種你很注意聽他說話的感覺，認為你尊重他的意見，進而產生想和你說話的心理。這時，對方已經對你有了好感，會不知不覺朝被說服的方向去思考問題。這一點是在說服對方時相當重要的一項心理戰術。

如果你不聽對方的意見就直接提出反論，那麼，勢必引起對方在感情上的反駁，當然也就無法引起聽你說話的欲望，這樣做是極不明智的，尤其是對一些比較霸道和固執的人，採取這種方式會馬上遭到反駁。

最有攻心技巧的人，在他的意見遭到反對，或某人要發牢騷時，他總是耐心地聽對方把話講完，還進一步請對方重複其中某些觀點和理由，詢問對方是否還有別的什麼事情要說。這樣做就消除了對方的抵觸情緒，使對方意識到，聽話的人對他的觀點感興趣。

另外，社會心理學家透過對人際關係的研究，一致提出，人際相處的一個最根本的信條就是「不批評對方」，並且要完全傾聽對方的談話，這樣才能使對方開懷暢談。心理諮詢時，心理醫生通常都儘量讓對方說完自己想說的話，而避免在中途打岔。否則，對方傾訴的欲求得不到滿足，彼此也就無法建立較親密的交談關係，甚至會造成雙方敵對的情緒。

一項客戶與推銷員問題信賴程度的調查也顯示：那些在商品售出之後會受到客戶非分要求的推銷員，大部分都喜歡說話，並且經常打斷客戶的話。因此，我們可以推知，要啟開對方心扉，建立起親密的關係，問題就在於說話的方式與內容。這樣，大家就能明白有作為的推銷員多半較木訥的道理了。

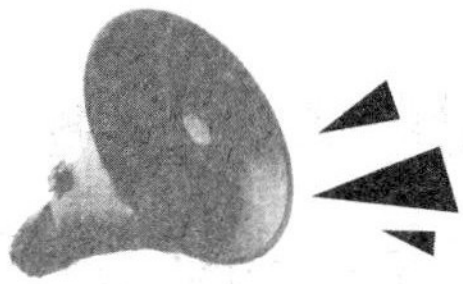

Chapter 2
說話周旋術

有一首詩說：「九牛一毛莫自誇，驕傲自滿必翻車。曆覽古今多少事，成由謙遜敗由奢。」這話是針對那些缺乏自知之明、盲目自滿的人所說的，但對於我們正確地對待生活，塑造自己良好的交際形象和性格品質，也有著十分現實的意義。

人的學業無止境，無論潛心自學還是向人求學，沒有謙虛的態度就不會有長進。人生道路曲曲折折，要在複雜的人際關係裡游刃自如、健康發展，沒有虛心、誠懇的態度同樣是不行的。「成由謙遜敗由奢」，有謙遜的態度，才會有自知之明，知道自己的不足，就有了努力的方向。

不少人，為了使別人贊同自己的意見，就嘮嘮叨叨地說個不停，使別人根本沒有說話的餘地。尤其是有的推銷員最易犯這個毛病，一味地對顧客誇耀自己的貨物如何美好，使顧客沒有插嘴的餘地，其實這是最錯誤的事。顧客有購買的念頭，才挑剔貨物，他批評這些貨物，不必與之爭辯，選定之後，他自然會購買。若是你和他爭辯，就如同指責顧客沒有眼光，不識好歹。顧客受此侮辱，肯定到別家去了，豈不白白損失了一筆生意？

所以人家說話的時候，自己若有不同意之處，應待別人說完，切不可插進去或阻止人家，阻止人家其實是最大的錯誤。因為當人家還有許多話沒有說完，人家絕不會來接受你的意見，也根本不注意聽你的。所以我們應鼓勵別人把意見表達出來，耐心地傾聽別人講話。

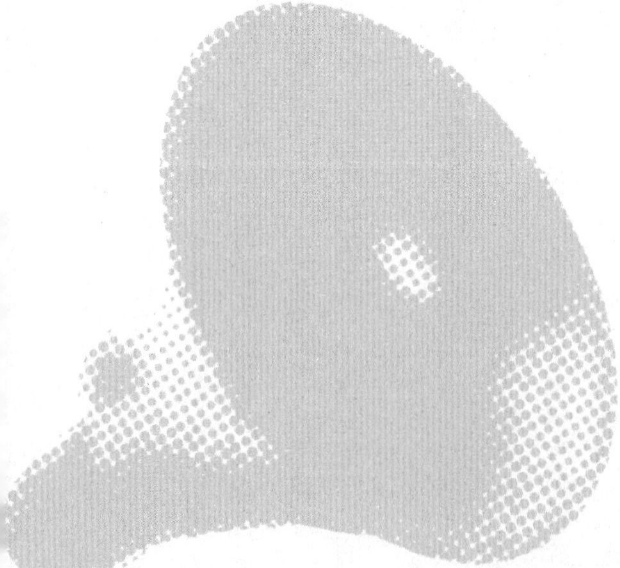

傾聽者的良好素質

在聽別人說話的過程中，一位高明的談話者往往能夠表現出許多良好的素質。他有一顆精細的心，能夠體察別人的感情；他富於同情，能樂人之樂、憂人之憂；他有深厚的涵養，能體諒別人的難處，寬恕別人的錯誤，容忍別人的缺點；他有良好的耐性，能夠長時間地聽取別人零亂、不成熟，甚至是語無倫次、前後矛盾的意見。他還具有發掘和吸收別人觀點的熱忱和能力，當別人因有顧慮而欲言又止的時候，他能誠懇而友善地鼓勵他們講下去；而別人偶爾說出有趣的話，他就發出會心的笑；當別人講出一些不錯的道理時，他就連連點頭；當別人試圖說出一些難以表達的思想時，他就凝神細聽，並且不時就沒有聽清楚的問題向別人請教；當別人的講話告一段落時，他就把別人所講的內容整理得條理清楚，並加以吸收。

由於有以上的良好素質，高明的談話者往往能深刻細緻地瞭解各式各樣的人。他的語言，往往可以非常有效地打動人的心坎。這樣，無論什麼人見到他，都願意把他當做知心朋友，願意向他吐露自己的心事，把自己藏在心中的劇烈的痛苦、煩惱都向他傾吐出來，希望得到他的同情、安慰和幫助。

此外，一個高明的談話者還必須謙虛謹慎。無論別人怎樣敬仰他、佩服他，他都應該態度謙恭，虛懷若谷。一個心地狹窄得只容得下他自己的人，是不受歡迎的。

喬・吉拉德是首屈一指的汽車推銷員，然而，他也有過一次難忘的失敗經歷。

有一次，有位顧客來找喬商談購車事宜。他向那人推薦一種新型車，進展非常順利，就在即將成交的節骨眼上了，對方卻突然決定不買了。

那天晚上，喬輾轉反側，百思不得其解。他忍不住撥了通電話給對方：「先生您好，今天眼看您就要簽字了，為什麼卻突然走了呢？」

「先生，你知道現在幾點鐘了？」

「真抱歉，我知道是晚上十一點鐘了，但我檢討了一整天，實在想不出自己到底錯在哪裡。」

「很好，你現在用心聽我說話了嗎？」電話那頭說。

「非常用心。」他答道。

「可是，今天下午你並沒有用心聽我說話。就在簽字之前，我提到我的兒子即將進入大學，我還跟你說到他的學習成績和理想，可是你根本沒有在聽！」

對方繼續說道：「當時你在專心聽另一名推銷員說笑話，可能你認為我說的這些與你無關，但是我可不願意從一個不尊重我的人手裡買東西。」

喬從此知道了，用心傾聽對於做任何一件事都是那樣的重要。

每個人都有傾訴的欲望

人人皆對自己的經歷和所做的事情懷著莫大的興趣，人們最高興的也莫過於對他人談論這些事情。但過分地談論這些，會使聽者失去興趣。

比如，有的人做了一個十分有趣的夢，覺得是親臨其境，其樂無窮，結果逢人便說，不厭其煩。另外，有的人則喜歡喋喋不休地對人說一些自己以前的經歷：上中學時怎樣，上大學時怎樣，剛開始工作時怎樣，後來又怎樣……如此等等。但是我們若仔細想一想，自己有興趣的事情，別人也像我們一樣有興趣嗎？那些斷續破碎、稀奇古怪的夢境，除了做夢者本人，別人聽來是非常沉悶的。如果聽者對說話者提到的那些往事、那些人、那些地方一點也不熟悉，一點也不覺得有趣，無疑他也不會與說話者產生共鳴。凡此種種，不外乎證明人們對自己所經歷的事情感興趣，而對與自己毫無關係的事情覺得索然無味。所以，我們在與他人交談時，應掌握聽者的這一心理。

每個人都會做夢，他對別人那種無關大局的夢不會感興趣；每個人也都有自己的經歷，他對別人那種平淡無奇、與己無關的經歷也不會關心。這一事實告訴我們，在與人交談中，儘量少談一些人家不感興趣的事，不要喋喋不休地談論自己的生活、孩子、事業等，除非對方在特殊情形下的確感興趣的時候，否則，還是以談別的話題為佳。

同時，既然我們知道每個人最喜歡的是自己熟知的事情，那麼在交談中便可以儘量逗引別人去說他自己的事情。這是使對方高興的最好的方法。如果我們充滿了同情和熱忱去聽他津津有味的敘述，一定可給對方較佳的印象。因此，要想多交朋友，要想在交際上取得成功，自己就應該少說別人不感興趣的話，不要只講自己、表現自己，而是應該耐心地去聽取別人的說話。

在候機大廳裡，麥克正在專心讀書，忽然鄰座傳來一位老太太的聲音：「我敢說芝加哥現在一定很冷。」

「大概是吧。」麥克漫不經心地答道。

「我快三年沒去過芝加哥了。」

老太太說：「我兒子住在那兒。」

「很好。」麥克頭也不抬地說。

「我丈夫的遺體就在這飛機上。我們結婚都五十三年了。你知道，我不開車。他去世時是一位修女開車把我從醫院送出來的，我們甚至還不是教徒呢，葬禮的主持人把我送到機場……」老太太有點憂傷地說。

此時，麥克覺得自己剛才不理老太太的行為多麼令人討厭，他終於明白：身邊有一個人正在渴求別人傾聽她的訴說。她孤注一擲地求助於一個冷冰冰的陌生人，而這個人更感興趣的是讀書。她所需要的只是一個聽眾，不要忠告、教誨、金錢、幫助、評價，甚至不需要同情，僅僅是乞求對方花上一兩分鐘來聽她講話。

麥克不再讀書了，而是用心聽老太太說話。老太太一直緩緩地講著，直到他們上了飛機。

這看起來是那麼矛盾，在一個擁有發達通訊設備的社會裡，人們卻苦於無法交流，無法找到一個聽眾。老太太在機艙另一邊找到了她的座位。當麥克把大衣掛起來的時候，又聽見老太太用帶著哀愁的音調對著她的鄰座說：「我敢說芝加哥現在一定很冷。」

麥克在心裡祈禱：「上帝，但願有人聽她講。」

做一個耐心的傾聽者

現代社會中，我們希望人人都能勇於開口，大膽說話。但凡事都有個分寸，如果我們不會掌握這個分寸，那就只能適得其反，弄巧成拙。

生活中有許多是非之爭是因為談話多了；話說得愈多，出毛病的機會也就愈多。教人少說廢話多做實事，這是古今中外哲人學者的共識。它飽含著深刻的辯證法則。真正有學問的人大智若愚，不太亂說話，相反那些腹中空空、沒有幾點文墨的人卻喜歡大吹大擂。所以，我們應記住一條原則：在任何地方和場合，最好能少說話。

若是到了非說不可時，那你所說的內容、意義，所選用的詞句，所伴隨的姿勢以及說話的聲音，都不可不加以注意。在什麼場合該說什麼話，用什麼方式說，都值得注意。無論是在探討學問、接洽生意，實際應酬或娛樂消遣中，種種從我們口裡說出的話，一定要有中心，要能具體、生動，要十分精彩。

在類似座談會的場合中，大家都是踴躍發言，而不注意聽清楚別人的意思。所以，經常產生彼此的誤會，各想各的，都站在自己的立場，擅自解釋別人的意見，表面上看起來，大家討論得十分熱烈，事實上非常散亂。因此，真正有見識的人，會在腦中把眾人的論點分析、整理出來，而當座談會進行到中段以後，才提出他歸納後的要點，讓大家有個一致的方向。然後，再說出自己的意見，使整個討論的方向更為明確，這種人才是最會表達的人。

為保證說的每一句話為人所重視，不惹人討厭，唯一的資本是少說話，靜靜地思考，耐心地聽別人說話。

做一個耐心的傾聽者要注意六個規則：

規則一：對講話的人表示稱讚。這樣做會造成良好的交往氣氛。對方聽到你的稱讚越多，他就越能準確表達自己的思想。相反，如果你在聽話中表現出消極態度，就會引起對方的警惕，對你產生不信任感。

規則二：全身注意傾聽。你可以這樣做：面向說話者，同他保持目光的親密接觸，同時配合標準的姿勢和手勢。無論你是坐著還是站著，與對方要保持在對於雙方都最適宜的距離上。

我們親身的經歷是，只願意與認真傾聽、舉止活潑的人交往，而不願意與推一下轉一下的石磨打交道。

規則三：以相應的行動回答對方的問題。對方和你交談的目的，是想得到某種可感覺到的資訊，或者迫使你做某件事情，或者使你改變觀點，等等。這時，你採取適當的行動就是對對方最好的回答方式。

規則四：別逃避交談的責任。作為一個聽話者，不管在什麼情況下，如果你不明白對方說出的話是什麼意思，你就應該用各種方法使他知道這一點。

比如，你可以向他提出問題，或者積極地表達出你聽到了什麼，或者讓對方糾正你聽錯之處。如果你什麼都不說，誰又能知道你是否聽懂了？

規則五：對對方表示理解。這包括理解對方的語言和情感。

有個工作人員這樣說：「謝天謝地，我終於把這些信件處理完了！」這就比他簡單說一句「我把這些信件處理完了」充滿情感。

規則六：要觀察對方的表情。交談很多時候是透過非語言方式進行的，那麼，就不僅要聽對方的語言，而且要注意對方的表情，比如看對方如何同你保持目光接觸、說話的語氣及音調和語速等，同時還要注意對方站著或坐著時與你的距離，從中發現對方的言外之意。

在傾聽對方說話的同時，還有幾個方面需要努力避免：

第一，別提太多的問題。問題提得太多，容易造成對方思維混亂，談話精力難以集中。

第二，別走神。有的人聽別人說話時，習慣考慮與談話無關的表情，對方的話其實一句也沒有聽進去，這樣做不利於交往。

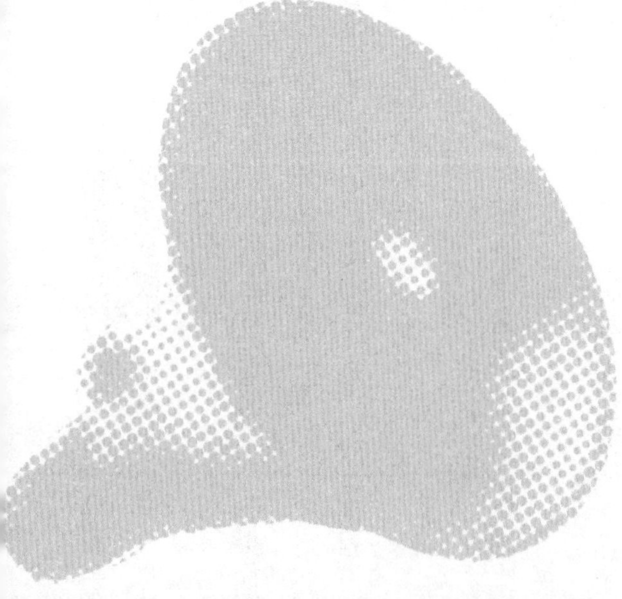

CHAPTER 3

説話攻心術

説話就像是一場場頭腦的較量！只要你的意見與別人不一致，不管對方是你的家人、朋友、同事，還是你的部下、上司、客戶，或者你説服對方，或者對方説服你。攻心説服力就是你最有用的武器！

話不在多，「攻心」就行！你不能不懂攻心説服力！

說服之前先瞭解對方

一八六三年七月一日，美國南北戰爭中的一場決定性戰役，在華盛頓附近的蓋茲堡打響了。經過三天的征戰，北方部隊大獲全勝。戰後，賓夕法尼亞等幾個州決定合資在蓋茲堡建立國家烈士公墓，公葬在此犧牲的全體將士。

一八六三年十一月十九日，公墓舉行落成典禮，美國總統林肯應邀到會場演講。這對林肯來說，有很大難度，因為這次儀式的主講人是艾弗雷特，林肯只是因為總統的身分，才被邀請來在艾弗雷特之後「隨便講幾句適當的話」。

艾弗雷特不僅是個著名的政治家和教授，而且是當時被公認為美國最有演說能力的人，尤其擅長在紀念儀式上的演講，在這個典禮上，他那長達兩個小時的演講，確實精彩極了。

在這種情況下，怎樣講才能和觀眾建立良好的交往關係，並最終贏得他們的掌聲呢？林肯決定，以簡潔取勝。結果林肯大獲成功。儘管他的演講只有幾小段話，從上臺到下臺不過兩分鐘，可是掌聲卻持續了十分鐘。

林肯的演講不僅贏得了在場一萬多名聽眾的熱烈歡迎，而且轟動了全國。當時的報紙評論說：「這篇短小精悍的演說是無價之寶，感情深厚，思想集中，措詞精練，字字句句都很樸實、優雅。行文完全無疵，完全出乎人們的意料。」就是艾弗雷特本人第二天也寫信給林肯道：「我用了兩個小時總算接觸到了你所闡明的那個中心思想，而你只用了兩分鐘就說得明明白白。」

後來，林肯的這篇出色的演講詞被收藏進圖書館，鑄成金文存入牛津大學，作為英語演講的最高典範。

林肯這次演講獲得巨大的成功，給了我們一個啟示：簡潔明快的語言會使說話更添魅力。在人際交往中，要想得到一種較佳的效果，語言必須簡潔、明快，要能使聽者在較短的時間裡獲取多而有用的資訊。歷史上曾記載了一些冗長的演講紀錄，這些演講絕對是不能稱為優秀的。

一九三三年一位名叫愛爾德爾的美國參議員，為了反對通過「私刑拷打黑人的案件歸聯邦法院審判」的法案，在參議院高談闊論了五天時間。一位記者統計，他在演講台踱步七十五公里，共做了一萬個手勢，吃了一百個夾肉麵包，喝了四十公升清涼飲料。

一九五七年，斯特羅姆・瑟蒙德做阻止「民權法案」通過的演講，歷時二十四小時又十八分，但失敗了。

一九一二年，英美發生戰爭，一個眾議員用馬拉松式的演講來阻止通過對英宣戰的決議。直到戰火燒到家門，形勢迫在眉睫，可是這位議員仍在喋喋不休。時至半夜，聽眾席上鼾聲四起，最後，一議員急中生智，將一個痰盂甩到演講者的頭上，才得以終止辯論，通過了宣戰決議。

「言不在多，達意則靈。」要語不煩，字字珠璣，簡練有力，能使人不減興味；冗詞贅語，絮語嘮叨，不得要領，必令人生厭。在中外歷史上，不少演講大師惜語如金，言簡意賅，同樣留下了許多珍貴的篇章，成為「善辯者寡言」的典型。比如：最短的總統就職演說，也就是一七九三年的華盛頓總統的演說，僅用一百三十五個字，便舉世聞名。

恩格斯在馬克思墓前的演說只有一千二百六十個字。

列寧在馬克思、恩格斯紀念碑揭墓典禮上的講話只有五百五十二個字。

史達林在一九四一年七月三日發表的反對德國法西斯入侵重要廣播演說，只有三千八百個字。

羅斯福的就職演說僅有九百八十五個字。

一九八四年七月一七日，三十七歲的法國新總理洛朗・法比尤斯發表的演說，更是短得出奇，演講詞只有兩句：「新政府的任務是國家現代化，團結法國人民。為此要求大家保持平靜和表現出決心。謝謝大家。」措辭委婉、內容精闢。

上述這些演講大師駕馭語言的功力都是非凡的。同時，這也就說明了簡潔明快在語言交際中舉足輕重的作用。

不做囉嗦先生

簡潔明快的語言是認識能力和思維能力高超的表現。話語的簡潔常常表現出說話人分析問題的快捷與反應。我們都會有這種感覺，即那種說話嘮嘮叨叨、囉囉嗦嗦、拖泥帶水、言語空泛的人，是很令人討厭的。

曾有位「囉嗦先生」在寫給家人的信中說：

「……吾於下月即將返家。不在初一即在初二，不在初二即在初三，不在初三即在初四，不在初四即在初五，不在初五即在初六，不在初六即在初七，不在初七即在初八，不在初八即在初九……不在二十八即在二十九。其所以不寫三十，因月小之故也……」

「囉嗦先生」這封可簡為「吾下月將返家」的書信，卻囉嗦了這麼長，誰看了也會覺得索然寡味，十分討厭。雖然這僅是一則笑話，但它也告訴我們一個深刻的道理：說話囉嗦就會失去魅力。

許多說話囉嗦的人，常常是因為情緒激動而造成思維混亂，且語言表達前後倒置，條理不清。所以，要做到說話簡潔明快，我們就要在思維和語言兩個方面下工夫，不斷練習，掌握技巧，適當發揮。

一九四八年，牛津大學舉辦了一個「成功祕訣」講座，邀請到了當時聲譽已登峰造極偉大的邱吉爾來演講。三個月前媒體就開始炒作，各界人士引頸等待，翹首以盼。

這一天終於到來了，會場上人山人海，水洩不通。全世界各大新聞媒體都到齊了。人們準備洗耳恭聽這位大政治家、外交家、文學家（邱吉爾曾獲諾貝爾文學獎）的成功祕訣。

邱吉爾用手勢止住大家雷動的掌聲後，說：「我的成功祕訣有三個：第一是，絕不放棄；第二是，絕不、絕不放棄；第三是，絕不、絕不、絕不能放棄！我的講演結束了。」說完就走下講臺。會場上沉寂了一分鐘後，才爆發出熱烈的掌聲，久久不停。

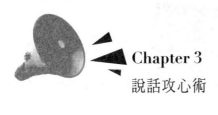

還有一次，馬克・吐溫與雄辯家瓊西同搭一條船。船行數日後，兩人應邀參加一次晚宴。

席上演講開始了。馬克・吐溫第一個滔滔不絕、充滿情感的講了二十分鐘，贏得了一片熱烈的掌聲。

然後，輪到瓊西演講，瓊西站起來，面有難色的說：

「諸位，實在抱歉，會前馬克・吐溫先生約我互換演講稿，所以諸位剛才聽到的是我的演講，衷心感謝諸位認真的傾聽及熱情的捧場。然而不知何故，我找不到馬克・吐溫先生的講稿了，因此我無法替他講了，所以，請諸位原諒我坐下。」

馬克・吐溫被他一番話鬧得哭笑不得，向瓊西投去略帶抱怨的目光，然後無可奈何的聳了聳肩。

簡潔明快的語言是果敢決斷的性格表現。自信心強、辦事果敢的人說話都乾脆果斷，不拖泥帶水。

德國著名詩人和戲劇家貝托爾特・布萊希特討厭那些冗長單調而又沒有多大效果的會議。一次，有人請他參加一個作家的聚會，並讓他致開幕詞。布萊希特公務纏身，不想參加，便委婉的拒絕了。哪知，舉辦人並不甘休，他們想盡一切辦法，直至布萊希特無可奈何的答應為止。開會那天，布萊希特準時到會，悄悄的坐在最後一排。主辦人看到後，把他請到了主席臺就座。

一開始，主辦人講了一串很長卻沒有什麼實際內容的賀詞，向到會者表示歡迎，然後，高聲激動的宣佈：

「現在，有請布萊希特先生為我們這次大會致開幕詞！」

布萊希特站了起來，快步走向演講的桌子前。這時記者們趕緊掏出筆和小本子，照相機的拍照聲響個不停。

不過，布萊希特卻讓某些人失望了，他只講了一句話：

「我宣佈，會議現在開始！」

現代社會節奏快，時間觀念強，說話簡潔會給人一種生機勃勃的感覺，所以，簡潔明快的話語還是時代風貌的反映。簡潔的話語既能不佔用聽者太多的時間，又能使聽者覺得說話者很尊重他，所以，說話簡潔的人受大家歡迎。

措辭簡潔應注意的方面

如果你在說話時能措辭簡潔、生動、高雅而又貼切，那麼就可能會成為一位說話高手。

1、儘量簡明扼要

說話越簡明越好，有些人在敘述一件事情時說了很多話，但還是無法把他的意思表達出來，以致聽者花了很多時間和精力，仍然不知道他想說明什麼東西。如果你有這種毛病，一定要自己矯正。矯正的最好辦法是，在說話之前，先在腦子裡做一個初步的計劃，然後再把計劃要說的東西講出來。

有一位對歷史十分感興趣的女孩，曾請教當時德國著名的一位歷史學家，問他能否將古今的歷史縮寫成一本簡明的小冊子。

教授笑著答道：「不必。」接著說，只需用四句諺語，就能概括古今的歷史：

一、當「上帝」要某人滅亡的時候，往往先讓其有制人的權勢。

二、時間就是一個巨大的篩子，最終會淘去一切歷史的沉渣。

三、蜜蜂盜花，但結果反而使那些花開得更盛，嫵媚迷人。

四、暗透了便望得見星光。

2、用語不要過多重疊

在漢語裡，有時的確要使用疊句來引起別人的注意，或者加強語氣。但是，如果濫用疊句，就會顯得累贅。

例如，許多人在疑惑不解的時候常常會說：「為什麼為什麼？」其實，一個「為什麼」就足以表達你的疑惑之情，為什麼偏要多加一個呢？還有的人答應別人一件事情的時候，常常說「好好好」，一連說上好幾個。其實，說一個「好」字就足夠了。

3、同樣的詞語不可用得太頻繁

聽者總希望說者的語言豐富多彩。我們雖然不必像某些名人所說的那樣，每說一事都要創造一個新詞彙，但也應該在許可的範圍內儘量使表達多樣化，不要把一個名詞用得太頻繁。

即使是一個非常新奇的詞，如果你在幾分鐘之內就把它複述了好幾次或十幾次，那麼人們對它的新奇感會喪失，並對它產生一種厭倦感。

一個年輕人才三十八歲便獲選為銀行總裁。他從沒有想到自己會成為總裁，更無法想像自己這麼年輕就能擔當這個職位。

一天，他與股東會議主席，也就是前任總裁談話。他說：「正像您所知道的那樣，我剛剛被指定擔當總裁的職務，這真是個艱巨的任務。我非常希望您能根據您自己多年的經驗給我一點建議。」

年長的前任總裁看著坐在自己面前的新總裁，微微一笑，很快的以六個字作為他的回答：「作正確的決定。」

年輕的總裁期望能得到更進一步的建議，他說：「您的建議很有幫助，我能得到您的幫助感到很榮幸，也非常的感激。但是能否請您說得詳細一點呢？我是真的很需要您的說明以便我作出正確的決定。」

可是這個睿智的老人惜言如金，因此他仍然很簡單的回答：「經驗。」

新總裁仍然很困惑，再次問道：「沒錯，那正是我今天出現在這裡的原因。我不具備我所需要的經驗，我該如何獲得這些經驗呢？」

老人無聲的笑了，但依舊以簡短精練的話語總結道：「錯誤的決定。」

有些人在交談中愛說口頭禪，諸如「豈有此理」、「我以為」、「儼然」、「絕對的」、「沒問題」一類的話幾乎是脫口而出。

不管這些話是否與所說的內容有關聯，這類的口頭禪說多了，不僅影響說話的效果，而且容易被別人當做笑柄。因此，這類的口頭禪應下決心不說。

5、避免使用粗俗的詞

常言道：「言語是個人學問品格的衣冠。」一個相貌堂堂、看上去高貴華麗的人，如果一開口就說出粗俗不堪的話，那麼別人對他的敬慕之心就會馬上煙消雲散。

其實，這些人中有一部分並非學問品格不好，只是在追求語言的新奇和俏皮的過程中染上了這種難以更改的壞習慣。試想一下，在一個陌生人面前，你說了粗俗的話，他會怎麼想呢？他不一定會認為這是一個習慣問題，而可能會認為你是一個修養不足、不可交往的人。

6、不要濫用術語

粗俗的詞不可用，太深奧的詞如專用術語也不可多用。

如果不是同一個學者討論學術問題或不得不用，過多的使用專業術語，即使你使用得很恰當，也會給別人故弄玄虛的感覺。

上述幾點只是列舉了幾個易於為人們覺察到的問題，那些較為隱晦的問題還有賴於你在實踐中去揣摩和克服。

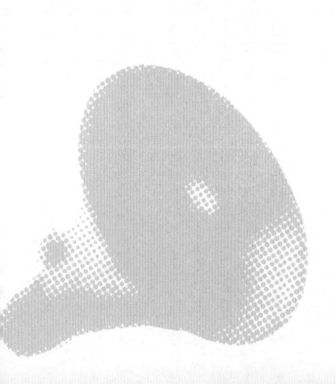

什麼是不必要的

一篇成功的演講稿，要避免贅詞，自己是不是常常有拉拉雜雜講了一大堆話，卻毫無重點、不知所云的經歷呢？以下是主人面對豐盛的午餐，向所有客人做的禮貌性致辭。讀完原稿以後，請考慮如何刪除贅語。

各位來賓、女士、先生們：

首先讓我說聲大家好，由於平常承蒙各位的照顧，一直希望有報答的機會，聊表我的一點謝意。因此今天特地邀請各位參加這個招待會。各位能在百忙中撥冗駕臨，真使我覺得三生有幸，特地在此表示謝意。（第一段）

利用今天的機會講公事是一件不禮貌的事，但是事不由己，請先接受我的歉意。敝公司數年來苦心研究的新產品已經研製成功，並且在大量生產中，今後開拓市場大力推銷時，還須賴各位助一臂之力，因此特地擺席設宴，聊表心意。（第二段）

過去已有不少新產品仰賴各位出售，並且接到不少訂單。敝公司對於成品的銷售能有十成的信心和把握，都是大家所賜予的，關於這一點，敝公司非常感激。現

在再度請托各位，但願能再為新產品推廣銷路。總之，請容我再度向各位拜託。（第三段）

至於新產品，比起同類的產品有兩項優點，一點是……另一點是……（第四段）說句真心話，憑這些優點，新產品能夠獲得好評是理所當然的事。敝公司為了使消費者能認識這項產品，曾經透過大眾傳播工具，如：電視、廣播大力宣傳，不過最徹底的方法，仍須依賴直銷，因此請各位盡力幫忙。（第五段）

今天麻煩各位專程來參加宴會，但因準備不周，未能盡心招待，草草備有薄酒粗菜，還請慢慢飲用，並且開懷暢談。（第六段）

拉拉雜雜講了一大堆話，非常抱歉，請各位寬恕我的無禮。最後再一次謝謝各位給我們的關懷和照顧。現在謹以拙辭聊表十二萬分謝意，並且預祝各位事業如意，精神愉快。（第七段）

你讀了這篇講稿以後，認為應該刪除哪些地方呢？第三、第五、第六、第七段的贅詞是否需要刪除？請大家仔細閱讀。依照文句來看，應該說非常詳細，那麼為什麼需要刪除呢？請仔細深思。

日俄戰爭後，日本有名的乃木輝將軍應邀演講時，不是站上講臺而是站在聽眾的面前說：「諸君！我就是殺死諸君兄弟的兇手……」說完這簡短的一句話，乃木輝的淚水奪眶而出，無法接下去。然而，此時全場鴉雀無聲，大家都受到了感動，場面肅然而感人。

我們可以借鑑乃木輝的演講方法，把不必要的前言或者一般性文句刪掉。仔細聽聽在使用客套話的文句中，常有如下的詞句出現：

- ✔突然被指名致辭，深感榮幸……
- ✔口才非常差，又因不習慣……
- ✔在口才比我好的長輩面前，覺得越權……
- ✔我的口才極差，委屈大家了……
- ✔口吃的我，居然有機會站在臺上，深深覺得慚愧……

常聽的結束語：

- ✔簡單幾句話來結束我的話……
- ✔這些就是我向各位問安的拙辭……
- ✔各位能側耳傾聽，真是感激不盡……
- ✔浪費大家寶貴的時間非常惶恐抱歉……

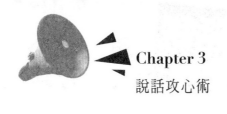

✔拉拉雜雜毫無章法，特此表示歉意……

因發明飛機一躍成名的飛行家萊特兄弟，在慶祝會上，作了非常簡短的演說。他說：「各位先生，各位女士，鳥類中最善於講話的鸚鵡是不會飛的，而我則不善於講話。謝謝各位！」

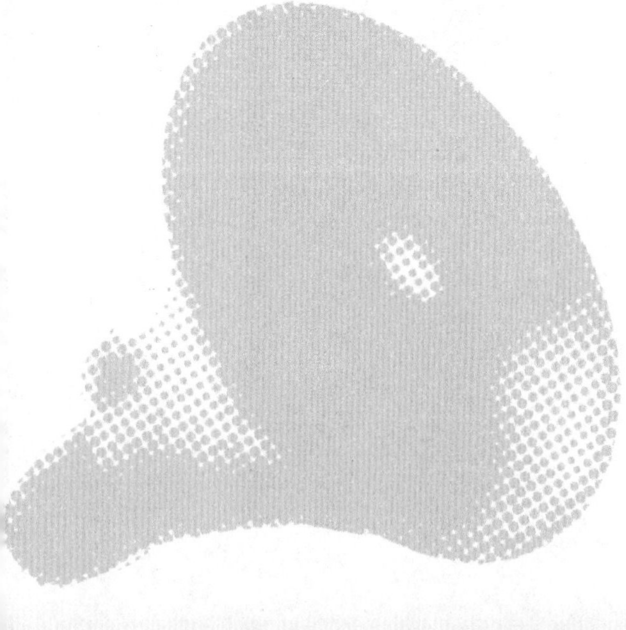

有時「廢話」也溫暖

陌生人相見有禮節性的客套，客人會面要寒暄一番，實質性的話常常用委婉的說法表達出來……這些看來無關緊要的「廢話」，卻是攻心中不可或缺的工具。讓我們看一些生活的情景：

妻子回到家，推開門，丈夫劈頭就問：「怎麼這麼晚才回來？」而妻子也許遇上了不順心的事，已經是急匆匆的趕回家來的，一聽這話就火大了：「我晚回來關你什麼事？管東管西，你樣樣都要管？」丈夫也火了：「我問錯了？我問妳怎麼會這麼晚才回來，有什麼不對？」

單單把丈夫的話寫出來分析，是沒有什麼不對，他想要瞭解一下妻子晚回來的原因，其中包含著關心的意思。那麼，問題出在哪裡了呢？讓我們來看看，要是給這些話加上點無關緊要的「廢話」，效果會怎麼樣。

丈夫說：「阿玲，妳回來了！今天怎麼這麼晚才回來？……」其實，你別問下去，妻子就會說明晚歸的原因了。同樣詢問晚歸的原因，加了幾句廢話，卻讓人感到親切和體貼。

同樣，如果丈夫那句直率的問話已經出口了，妻子在回答時注意加上一兩句無關緊要的「廢話」，比如說：「你看，我這不是回來了？」或者：「真對不起，讓你等這麼晚。」這樣，兩個人也不至於吵起來，即使妻子不忙著解釋原因，丈夫焦急和不耐煩的心情也能緩解了。

對於這種近乎於婆婆媽媽的事，做丈夫的往往很不在意。比如：丈夫馬上要上班了，溫柔細心的妻子反覆叮嚀：「中午飯後別忘了吃藥」，「下午天要變冷了，帶件衣服去吧。」丈夫不耐煩的說：「你有完沒完？年紀還不大就這麼嘮嘮叨叨的。」試問，妻子這時會怎樣想？妻子自然會感到傷心和委屈。她還會聯想到當初戀愛時，每次要回家時，「妳別餓著」、「過馬路要當心」之類的話不知說了多少遍。那時，說的人甜蜜蜜的，聽的人樂陶陶的，同樣的話，為什麼如今卻惹人討厭了呢？

再如，丈夫回到家裡，把該買的買回來了，該做的做了。妻子問什麼答什麼，一言兩語、乾淨俐落。可是，妻子總覺得還缺少點什麼，跟姐妹們話家常時，無不埋怨說：「我那口子老實得像塊木頭，半天也說不出什麼好話。」原來，妻子內心在期待著丈夫除了講這些最「實用」的話之外，再加一些溫存的「廢話」。

人們在戀愛的時候，需要許許多多這類多餘的話。你待我好，我心裡感到暖和，我對你愛，你更覺得熱乎乎的，一言一語，一舉一動都充滿著只有對方才體會得到的情意。可是，在婚後夫妻交往中，對這種多餘度的要求減少了。從個人的感覺來說，既已成夫妻，再說那些「年輕人」火熱的話似乎有點不好意思。夫妻間事務性的「正經話」越來越多，含情脈脈的「沒用話」則越來越少。時間一長，雙方都會感到失去了什麼，逐漸產生「家庭是愛情的墳墓」的感覺。

注意一下人們從戀愛到結婚乃至家庭生活的不同階段中也要有所變化，這有助於夫妻間保持親密和諧的關係。

例如，丈夫不小心掉了一千元，回家對妻子說了。妻子既感到可惜，又埋怨丈夫粗心，於是不停的嘮叨起來。她從丈夫平時粗心的行為講起，舉了日常生活中許許多多實例，叮囑丈夫下回要把錢放好……丈夫理虧，感到妻子講的有理，然而，妻子的這種分析和叮囑，翻來覆去，沒完沒了，不由得惹出丈夫的回擊：「妳到底有完沒完？」妻子說：「我說的沒有道理嗎？」

妻子說的都是對的，句句在理，反覆叮囑也是必要的。但是，太冗雜就讓人受不了。最後，免不了要吵起來。

其實，當夫妻一方有了過失並已認識到了的時候，對方不僅不要有過多的批評，而且還要比往常更簡略一些。設想一下，丈夫掉了錢，妻子聽說後，就簡簡單單說一句：「不見了就算了，不過，你亂放東西的習慣真的得改一改了。」這句話既把批評的意思講清楚了，又充滿著對丈夫的信賴和體貼，充分尊重了他的自尊心。因為這時丈夫自己也在懊惱和反省，妻子只需點一點，就足夠引起他的重視了。

由此可見，適度說些多餘的話，能夠表現夫妻之間的尊重和體貼，這對於贏得愛人之心，還是必要和有效的。

愈是瞭解對方，愈是能很輕易的說服對方。在我們的周圍，經常會看到有些人就某一事情在說服別人的時候語無倫次，喋喋不休的講個沒完沒了，但他要說服的對象卻一頭霧水，不明其所以然。詞不達意和過多的言辭，不但不能說服對方，反而會令對方更加厭煩。

也有一些人能夠圍繞一個主題旁徵博引，以小見大，以淺喻深，雖口若懸河，但言辭中既照顧到說服對象的特殊地位和心理，顧全面子，又能讓對方快速理解自己的意圖，有效打消其反叛心理，透過自己有條理、層次分明的語言，令傾聽者心服口服。由此可見說服是需要能力的。

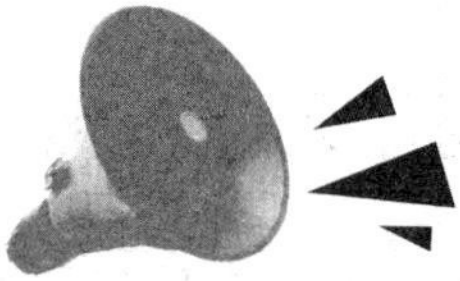

Chapter 3
說話攻心術

「說服」是一門讓人們認同你的觀點、展示個人魅力的影響藝術，同時也是一種讓他人能夠聽信於你的個人能力。具有說服能力的人大多是善於運用自己獨特個人魅力的人。他們總是表現出信心十足、精力充沛的風貌。他們不但能掌握自己的情緒，也能掌握他人的情緒，進而使自己始終處於主動地位。

我們要說服別人，必須首先透徹的瞭解別人的意見，看他們是怎樣想的，有了怎樣的感覺，瞭解他們怎樣看事情。我們對別人的思想、感覺、看法瞭解得越清楚，我們的說服力就越強，越能夠替人剖疑析難，指點迷津。我們對別人的想法，瞭解得越多，我們言語的說服力也就越大。

「知彼知己，百戰百勝」，大家應練好這種「知彼」的功夫。摸熟了通往各種人物內心的道路後，才能夠逐漸清除他們內心的憂慮，解答他們內心的懷疑，並且把那些和你不同的或相反的意見推倒移開。

有許多口才很好的人，往往用自己的唇槍舌劍把對方口頭上所說的意見駁倒後，就以為自己說服了別人，但卻不知道別人心裡還藏著什麼疑難未解之處。這樣的「說服」，只是口頭上的說服，心裡並沒有服。別人口服心不服，就不能算是說服。別人對你的話沒有心服，就不會按照你的話去做。所以我們應該經常關心他們的生活，和他們接近，傾聽他們的談話，注意他們各方面的表現，研究分析他們的行為動機和他們的心理活動規律。這些，正是我們說服別人的準備工作。

若是想提高自己說服別人的能力，必須把關心別人、瞭解別人當做一種經常努力的工作。

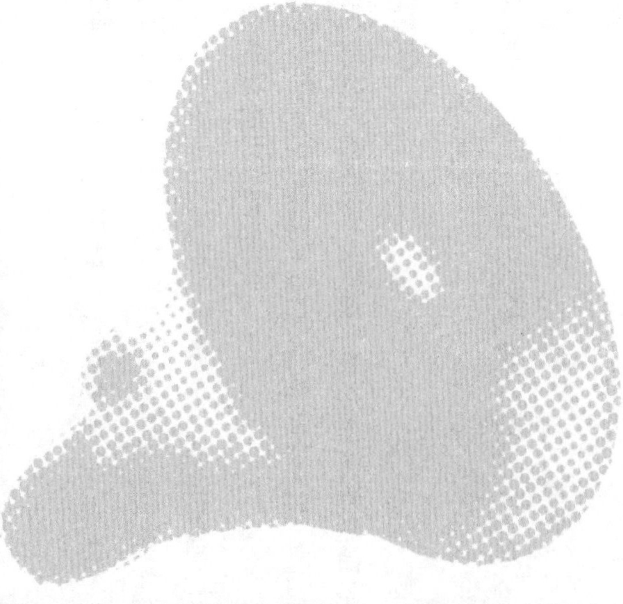

不同的人不同的說服方式

社會上，有這麼一種人，一方面只堅信自己，不相信別人比他更聰明、更正確；另一方面又非常缺乏自信，生怕自己的理由被別人駁倒，生怕自己的信心被別人動搖，因而不敢說出真正的理由。

他們的心裡有一種很妙的想法：「我講出來，你就駁不倒。」當然，他們對自己也並不十分坦白。他們會想出種種很漂亮的理由支持自己這樣做，但無論他們怎樣說，無論他們怎樣想，骨子裡面他們認為：不說出理由是最安全的。有許多人就在這種自欺欺人的「政策」之下，過了一生，做了許多不值得做的事。這種人確實是很難說服的。

說服這種人要有真誠的態度，足夠的機智，並且要去瞭解他們的思想及內心世界。這就要靠我們平時對別人的生活多留心，熟悉各種人的思想與行為的規律，能夠深入的分析別人的內心活動。

當我們猜中別人想法的時候，別人可能臉紅了，可能感到非常狼狽，甚至於會惱羞成怒，把錯誤堅持到底。這種情形當然並非我們所願意看到的。但是我們必須瞭解：一個人內心堅固的堡壘一旦被人摧毀時，是可能非常震動和痛苦的。這時，我們就需要設法減輕他們的痛苦，或是使他們不覺得痛苦，反而覺得快樂。這就要靠我們有一顆至誠的心，真正能夠為別人著想，不但能夠指出他們的錯誤，而且還能為他們指出光明的前途。

還有一種人更難說服，這種人對他心中的真正理由，不是不肯說，也不是不敢說，而是不知道，是真正不知道。對別人的說服工作，如果你用的方法及言語很正確，對方仍然表現出茫然不解，或不以為然時，我們就要動腦筋了。這就需要我們立刻順風轉舵，改變初衷，換一個更好的方式。

大家知道同樣的一種內容，可以有千百種表達的方式和方法。同樣意思的話，可以有千百種的表達方法。我們要隨時反省自己：我們的話，對方能夠接受嗎？是講得太深奧了，還是講得太膚淺了？是把問題提得太高了，還是把問題降得太低了？我們的話是太武斷了，還是太含蓄了？我們所用的詞彙是太文雅了，還是太粗俗了？

說服這件事情，仔細研究起來，是非常複雜的。有時，我們可能因為用錯一個字眼，無端的惹起對方的反感。在我們這個社會中，各個階層、各種宗教、各種信仰的人，都各有一套說話的習慣，各有一套習慣的用語。講究口才的人，對這方面的知識都相當看重。要和別人建立更深入的關係，最好能善於掌握對方慣用的語言。如果這個說法沒有效果，或效果不好的時候，就要換個說法，直到對方完全瞭解，完全贊同。事實上，有些比較困難的說服工作，絕不是一次或幾次的談話，就可以收到效果的，有時候需要很久的時間，有時候還需用事實、用行動去做我們言語的後盾。

在說服別人的過程中，我們必須不斷的深入瞭解自己的問題，並且豐富自己對人對事的認識，否則，如果我們只是單調的重複我們已經說過的話，那麼除了令人討厭之外，恐怕是得不到什麼說服的效果的。因此，當我們要說服別人的時候，每一次見面，每一次談話，都必須添一點新的材料，多一點新的理由，加一點新的力量。

探探他的底線有多深

有一位著名的談判專家，他的鄰居是一位醫生，這名醫生的房屋由於遭到了颱風的襲擊而受到了一些破壞。房子有在保險公司投過保的，醫生準備向保險公司索賠，請這名專家來幫忙。

醫生打電話給保險公司，保險公司的理賠調查員很快來到了他的家裡。他主動先向談判專家打招呼：「你好，先生，很榮幸在這裡見到你。」

談判專家聽了這樣的問候，立刻明白了對方心裡的感受，他也熱情回應對方：「你好，見到你很高興。」

接著，理賠員單刀直入了，「先生，我知道像你這樣的交涉專家都是權威，但在今天的賠償上，恐怕我們不能夠賠的太多，請問您，如果我只想賠給你一百美元，您覺得怎麼樣？是不是會嫌太少了？」

憑藉多年的經驗，再加上從對方口裡聽出來的語氣，談判專家判斷這個數額絕不是對方的心理底價，這一次出價之後一定還有第二次，甚至第三次，第四次。而且理賠員一開口就說他只能賠多少、多少，顯然是他自己也覺得這個數目太少，不好意思開口說，於是他選擇了沉默。

理賠員果然沉不住氣了，他主動說道：「抱歉，請不要介意我剛才的提議，我再加一點，二百元如何？」

談判專家說道：「不行，我還是不可能接受你這樣的條件，數目少得簡直難以置信。」於是對方又說道：「那好吧，我賠給你三百元怎麼樣？」

談判專家又一次回答：「絕對不行。」

「好吧，那就四百，這個數額已經很高了。」

「我還是接受不了，你再來看一下房子的受損情況吧。」就這樣理賠員一次次將賠償金增加，最後竟然以九百五十元的賠償費結束了這次談判。

在交際過程中，能否抓住對方的底線弱點，是很重要的，一旦你知道了對方的底線，再以正確的方法進行處理，那麼勝算肯定是在你這邊的。

育華在一家公司工作了三年了，在公司他以出色的應變能力得到了上司的賞識。一次，公司派他作為談判代表與一家外商談判一筆電子產品的合作合約，談判進行得非常艱苦，在技術授權和資金方面雙方存在很大的分歧，在預定的談判期限的最後一天，育華認為自己所做的已經達到了雙贏的目的，但是，外商的談判人員，得寸進尺，一再的用自己的技術優勢給育華一方施加壓力。

這時候的育華清楚對方並不是不滿意自己先前開出的條件，而是在爭取更多的利益，自己絕不能再給對方機會了。所以，育華淡定的對對方的談判代表說：「我們的誠意已經給貴公司看到了，如果貴公司覺得這筆生意不合適的話，可以尋找另外的合作夥伴。至於新的合作夥伴能不能做出我們這樣的承諾，我想大家都應該很清楚了。」對方的談判代表仍然想給育華一個下馬威：「那好，先生，既然這樣也不必多談了，我們先離開了。」

育華始終面帶微笑，沒有漏出半點異色，外商談判代表將要拉門離開的時候，發現育華沒有挽留的意思，又轉身回來，緩和了語氣：「先生，我想我們還是應該再談談，畢竟我們已經不是第一次合作了。」

結果可想而知，育華已經看到了對方的底線，所以以不變應萬變，為公司爭得了一筆大生意。

關鍵時刻，一定要冷靜的分析對方的思想，而自己的冷靜往往成為自己勝出的關鍵。所以面對強大的對手，自己一定要穩住，不能讓對方識破自己的底線，這樣才能掌握主動權。

精明的談判者都會不擇手段的揣摩對方的真實意圖，摸清了底牌，就掌握了談判的主動權，這時再以什麼方式取勝，便是技術問題了。暫時離開談判桌，也就是說，以退要脅達到進的目的，就是常用的一種。

有一年，在比利時某畫廊發生了這樣一件事：

美國畫商看中了印度人帶來的三幅畫，標價為二百五十美元，畫商不願出此價格，於是便展開了一場唇槍舌劍，誰也不肯退縮，談判進入了僵局。那位印度人惱火了，怒氣沖沖的當著美國人的面把其中一幅畫燒了。

美國人看到這麼好的畫燒了，當然感到十分可惜。他問印度人剩下的兩幅畫願賣多少錢，回答還是二百五十美元。美國畫商見毫不鬆口，又拒絕了這個價格，這位印度人把心一橫，又燒掉了其中一幅畫。

美國畫商只好乞求他千萬別再燒最後這一幅畫了。當他再次詢問這位印度人願賣多少錢時，賣者說道：「最後一幅畫能與三幅畫是一樣的價錢嗎？」最後，這位印度人手中的最後一幅畫竟然以六百美元的價格成功拍板成交。

當時，其他畫的價格都在一百美元到一百五十美元之間，而印度人這幅畫價卻能賣到如此之高，其中的原因何在？首先，他燒掉兩幅畫以吸引那位美國人，便是採用了「以退為進」的戰略，因為他「有恃無恐」，知道自己出售的三幅畫都是出自名家之手。

燒掉了兩幅，剩下了最後一幅畫，正照應了「物以稀為貴」。同時，印度人還瞭解到這個美國人有喜歡收藏古董名畫，只要他愛上這幅畫，就絕對不會輕易放棄，寧可出高價也一定要買走珍藏。聰明的印度人施展這招果然很靈，一筆成功的生意垂手而得。

在商談中，賣方很想出售自己的商品，而買方則會提出種種藉口，以圖達到最高利益，這個時候，以退為進的戰略便會大奏奇效。當然，要想利用好這種策略，就必須要擁有一定的後盾，掌握好分寸。「不打無準備之仗」，心中沒有十分的把握而輕易使用此計，難免弄巧成拙。如果那位印度人不瞭解美國人喜愛古董的習慣，不能肯定他一定會買下那最後一幅畫而去燒掉前兩幅，如果最後美國人沒有買那幅畫，印度人可就是「賠了夫人又折兵」，後悔莫及。

社交場合中，不要以為談判就非得談不可。其實，有時候離開談判桌，並不是你不想做成這筆交易，有時候，這反倒是成交的有效手段，交易籌碼通常只多不少。

所以，談判時，別忘了隨時準備離開談判桌，而且要說到做到。當你再度回到談判桌上時，行情往往看漲。當然，這需要一定的技巧，要根據當時的實際情況具體對待。而且一個人的應變能力是以人生經驗為基礎的，經過多次實踐，必然會變得老練聰明。與此同時，應變能力也反映著一個人的機智和修養。這方面功底深厚的人才有可能在情況發生變化時化險為夷，化拙為巧，使自己擺脫不利的境地，並在交際中取得良好的效果。

知己知彼，以實攻心

有一位窮秀才想赴京趕考，卻苦於沒有盤纏，無奈之下他想起當地有一位隱居山間的姓劉的老翰林，希望能從他那獲得些資助。但是聽人說這個老翰林生性孤傲，於是在登門拜訪之前這個秀才先獻上一首詩：

翻山度水之名郡，竹杖草履謁學尊，
途見白雲如晶海，沾衣晨露浸餓身。

詩的前兩句寫經過長途跋涉前來貴地拜訪學尊，第三句暗指劉氏能擺脫俗事糾纏，在山間過隱居生活，末句則寫明瞭他目前遭受饑餓的現狀，也暗示了前來拜訪的目的。劉翰林一見信上的詩，對他的才氣很是讚賞，不僅熱情接待了他，還給了他不少紋銀。

這個窮秀才透過表現自己的才華順利達到了自己的目的。而他之所以成功，就因為他準確掌握了自命清高者的心理特點：他們往往有較高的文化素養，但卻大都潔身自好，所以不願與常人交往，卻傾心於有才華的人，因此想要獲得他的青睞，最好的方法就是在交談中恰到好處的展現出你的才華與學識，因其愛才便會自開家門。

你見過那種不聽不問，一見到病人就開藥方的醫生嗎？你和一個陌生人初次見面的時候，不管不顧就滔滔不絕的說話，就相當於不問病人就開藥方的醫生，效果怎麼會好呢？你一定要對對方有所瞭解，才可以確定自己該怎麼做才會最有效。

如果你能事先探聽到對方的消息自然好，如果不能也沒關係，你照樣可以臨時瞭解他，並根據得到的資訊做出反應。當然，這需要你處處留心。

一次，一名推銷員去一位大學教授家裡推銷保險。這位教授是一位很有威望的動物學專家。他對自己以前的保險代理人不滿意，認為他們沒有向自己提供較為完善的保險計劃。

見面後，他詳細的介紹了自己目前的保險安排和為了適應環境變化所做的調整計劃，並問了很多技術性問題。他問這些問題的目的好像並非是想知道答案，他的目的更像是在考推銷員的知識。推銷員屢次想要把談話引入正題，但這位客戶根本不給他這個機會。

推銷員覺得自己是在浪費時間，畢竟他不是專程前來聽這位先生講課，況且他的「課程」並沒有拉近彼此的距離，於是他準備告退。

這時候，這位教授接了一個電話，內容是關於他的課程。大概可以聽得出來，他下學期要開一門關於短尾矮袋鼠的課程。在電話結束後，推銷員便和他談起了這種澳洲的小動物。

「你知道短尾矮袋鼠？」教授的表情讓他感到他們之間的距離一下子拉近了。

「那是一種很可愛的小動物，我以前看過相關的報導。」推銷員回答道。

這位客戶的態度徹底改變了，他不再提問，而是對推銷員的提問給予詳細的回答。於是，那天除了從教授那裡知道了許多有關短尾矮袋鼠的專業知識之外，他還得到了一張訂單。

喻之以利，曉之以害

空蕩蕩的電梯裡只有兩個人：一個是雙鬢染雪的老者，另一個是身強力壯的歹徒。此刻，歹徒手中那寒光閃閃的匕首正逼在老者的胸前：「識相點，快把錢拿出來！」

老者看了看胸前的匕首，又看了看眼前這兇相畢露的年輕人，和善的說：「你缺錢花，不要採取這樣的方式，直接跟我說就行。你能把刀子收起來跟我說話嗎？」

此時，雙方的神經都高度緊張，誰能穩住情緒、沉著應戰，誰就有可能是贏家。面對危險，老者不驚不亂、鎮定自若。「你缺錢花」，一開口，就表現出對對方生活情況的理解；「不要採取這樣的方式」，直白式的評價，表明一個歷經滄桑的老人對持刀搶劫這種行為不齒；「直接跟我說就行」，傳達給歹徒這樣一個資訊：解決問題可以有多種途徑，不必非採取這種極端的方式不可，使歹徒對自己行為的必要性產生懷疑；「你能把刀子收起來跟我說話嗎」在前面理解、表白的前提下，老者試圖創造一種能夠平等交流的氛圍，以放鬆對方的神經，減少「一觸即發」的危險因素。歹徒雖然沒有放下匕首，但也沒有實施更為兇殘的行為，說明老者的這番話初步起到了穩住歹徒的作用。

老者微笑著打開隨身帶的小包，說：「我這裡有一萬元，你如果堅持要拿走，我也沒話說。但你用刀逼著我拿錢就算搶劫，這樣會害了你一輩子。」

老者「微笑著」，表明自己並沒有被對方的囂張氣焰所嚇倒；「我這裡有一萬元，你如果堅持要拿去，我也沒話說」，語言上採取「退」勢，進一步穩住歹徒；「但你用刀逼著我拿錢就算搶劫，這樣會害了你一輩子」，老者話鋒一轉，果斷的拿起法律這個強大的武器，對頭腦懵懂、一心劫財的歹徒曉以利害：「借」或「拿」與「用刀逼著我拿錢」性質截然不同，後者屬於性質惡劣的犯罪行為，堅持這樣做，等待你的將是嚴懲。

歹徒舉著匕首的手顫抖了起來，匕首也舉得越來越低了。

「不如這樣，我留張名片給你，你需要錢就到我家裡去拿。」老者說著掏出一張名片遞了過去。

看到歹徒的心理防線已經開始鬆動，老者乘勝追擊。「遞名片」的言語和動作在眼下這樣危急的關頭可稱棋高一著。它既印證了老者「你缺錢花，直接跟我說就行」的誠意，表明了老者對這個年輕人的信任，又表明身分，將辯論角色的弱勢和強勢來了一個大轉換，再加上一開始老者就採取的沉穩、平和、理解、寬容的態度，一定會再次深深震撼歹徒的心靈。

歹徒接過名片一看，嚇得臉色刷白，匕首「匡啷」一聲掉在地上，淚水奪眶而出：「孫院長，您的話我記住了。我以後再也不幹這種缺德事了！」

在這場驚心動魄的較量中，語言成為孫院長最有力、最有效的武器。孫院長運用語言這一武器，成功的把體力上的較量轉化為心理上、人格上的較量。他在選擇語言時採取了「穩住對方，暫時退讓，曉以利害，動之以情」四步方略，環環緊扣，步步為營，曉以利害，終於贏得了這場殊死較量的最後勝利，也為我們身處危險境地如何運用語言技巧智辯突圍、轉危為安提供了一個成功的範例。

要順利施行曉以利害的方法，自己必須對其中的利害得失有深刻的瞭解，胸有成竹，這樣才能真正打動對方，取得共同的認識。

從消除心理障礙入手

戰國時代的策士都是駕馭言語的高手。《戰國策》裡記載了這樣一則故事：

靖郭君是齊國的貴族，原來很受齊王重用，在國內很有權勢。後來他與齊王發生了衝突，擔心有朝一日會與齊王鬧翻，於是，打算在自己的封邑四周築起城牆，以防止齊王的進攻。

這一舉措顯然太不明智了，以一個家族的力量與強大的齊王相抗衡，無異於以卵擊石。築起高高的城牆，不但擋不住齊王，反而會使雙方的關係進一步惡化，自招滅亡。因此，眾門客紛紛勸阻，無奈靖郭君十分固執，不但不聽，而且命令守門的人不得為說客通報。

正當眾人束手無策焦頭爛額之時，一個齊國人自告奮勇，上門求見。他向靖郭君保證，見面時只說三個字，多一字願受烹刑。由於他許諾的條件十分奇特，靖郭君總算同意了他求見的要求。

進門之後，他十分嚴肅的凝視著靖郭君，看了很長時間，然後，慢慢吐出三個字：「海、大魚。」說完轉身就走。

靖郭君聽後大惑不解，忙叫住他追問，那人卻不肯多說。直到靖郭君聲明前面的約定作廢時，他才作了進一步的解釋。

他對靖郭君說：「先生沒看見海中的大魚嗎？何其逍遙自在！魚網捕不住牠，魚鉤釣不到牠。然而，一旦離開大海，在沙灘上擱了淺，就連小小的螻蟻也能群起而攻之，把牠當做口中之食。如今齊國就是您的大海，若有齊王的寵信，您何須築城？倘若失去了齊王的支持，即使把城牆築得再高，又於事何補？」靖郭君聽了不由得連連稱是，就此放棄了築城的計劃。

這位說客所講述的道理，其實也算不得十分深奧，從前幾位進行規勸的人，想必也都考慮過了。為什麼他們規勸時，靖郭君聽不進去。這位客人一說，靖郭君就聽進去了呢？關鍵在於規勸技巧。

如果對方犯了錯誤，提出規勸的人真理在握，特來幫助對方，為對方指點迷津，這一暗示與聽話人的自尊心相抵觸，很容易引起聽話人的反感。就靖郭君而言，這種抵觸心理表現得尤為強烈，不僅拒諫，而且閉門謝客。因此，不難想像，眾門客之所以勞而無功，有很大一部分原因，可能就在於他們不懂得分析聽話人的心理。

心理障礙不消除，再有說服力的言辭也不得其門而入。

這位齊人的遊說工作，正是從消除心理障礙入手的。首先，他用「海、大魚」三個字增添了一些神祕色彩，激起了靖郭君的好奇心。

按常理說，會話時話語應該圍繞特定的話題展開。「海、大魚」三字，從字面上看，和當時雙方共同關心的話題，築城絲毫沒有聯繫。這樣一句莫名其妙的話，不能不使靖郭君心癢難搔，好奇之心大起，好奇心一起，則主客之勢互易。本來是靖郭君擺開了架勢，嚴陣以待，準備拒諫，現在卻是放下架子，好言安撫，虛心求諫。

不過，要克服靖郭君的心理障礙，光引起他的好奇心是遠遠不夠的。如果沒有其他策略相配合，仍然不可能說服他。這位齊國人所採用的第二個重要步驟便是迂迴出擊。

雖然靖郭君有了求諫的表示，他卻並不急於談論築城的故事，因為「築城」是一個敏感的話題，過早觸及這個話題是危險的，很可能會喚醒靖郭君的戒備心理，使他重新回到原先那種封閉狀態中。所以，這位老練的說客開始時仍然若即若離地大談「海」和「大魚」的故事。直到他把「大魚」對「海」的依存關係充分論述清楚，並清晰的描繪出了大魚「蕩而失水」為螻蟻所食血淋淋的殘酷景象之後，才畫龍點睛的道出這則寓言的真意所在。這對靖郭君來說，無疑是醍醐灌頂，當頭棒喝，不由得他不幡然猛醒，馬上放棄築城的計劃。

採用單面和雙面宣傳法

第二次世界大戰末，當義大利、德國接連戰敗投降後，日本還在太平洋地區負隅頑抗。這時照理說，形勢對於盟軍顯得很樂觀，似乎日本的投降也是指日可待，戰爭的勝負已經很明顯。但實際上，美國軍方的將領知道，戰爭中變數很多，兵法上向來就有「驕兵必敗，哀兵必勝」的道理，如果現在盟軍的士兵們覺得勝利一定是屬於自己，就很容易放鬆鬥志，肯定不利於最後取得勝利。這時候，美軍的將領們很想說服士兵們相信，日本不一定會像德國那樣快的投降，美軍與日軍的戰爭還需持續一段艱巨漫長的過程。但是他們對於採取怎樣的宣傳手法，產生了疑惑，就是不知道該用單面宣傳還是雙面宣傳。

那麼，什麼是單面宣傳，什麼又是雙面宣傳呢？當別人向我們宣傳一個事情的時候，只說對他有利的一面，就是單面宣傳。如果不僅說有利的一面，連不利的一面也講，就是雙面宣傳。

美軍的將領就此問題諮詢了社會心理學家，心理學家進行了一次實驗。他們對一部分士兵進行單面宣傳。從美國本土到太平洋盟軍基地的補給線很長，供給困難，而日本控制了不少的當地資源，而且日軍人數多、士氣高等，最後指出戰爭至少還要持續兩年。

這是單面宣傳，表現了美軍將領們真正想達到的目的，說服士兵們相信，日本不一定會像德國那樣快的投降，美軍與日軍的戰爭還需持續一段艱巨漫長的過程，要鼓起鬥志。

而心理學家對另一部分士兵則進行了雙面宣傳，除了介紹那些想要說明的因素，也強調與其相反的一方面，就是盟軍在戰爭中是有優勢的。最後告訴士兵，估計距戰爭勝利還需兩年時間。

這兩種方法都是有利有弊的。單面宣傳，可以避免相反資訊的干擾，但如果處理不好，當他覺察到還有資訊時，以為我們有意不告訴他，便容易懷疑我們，以致降低資訊的可信度，甚至引起反感。雙面宣傳，我們可以與他一起分析對比，使之產生「免疫力」，自覺的改變態度，但如果處理不好，就容易使他不但不接受我們的立場，反而去接受相反的立場。

那麼，到底是單面宣傳好，還是雙面宣傳好呢？

透過整理這次宣傳結果所得的資料，心理學家發現了：在試圖說服他人的時候，應該根據他們的特點，有針對性的進行宣傳。當對方對我們的觀點比較讚賞或處於中性態度時，採用單面宣傳效果較好；而當對方一開始就持懷疑或否定態度時，則以雙面宣傳較合適。

當對方的文化程度和智力水準較高時，採用雙面宣傳較適宜；而對低智力低文化者，則用單面宣傳較佳。比如對於對戰爭形勢不太瞭解的、知識較少的士兵，本來就對我們的觀點持中性或者比較贊成態度的人來說，只進行單面宣傳，即說明現在形勢嚴峻，面臨的抵抗會很強大，更容易使士兵保持鬥志不鬆懈。相反，對於本來就比較瞭解當前形勢的士兵來說，進行雙面宣傳會使他們瞭解得更多，對形勢判斷得更明確，也就更容易接受這個觀點。這兩種宣傳方式，我們在日常生活中也經常可以看到。

有的宣傳只介紹有利於自己的贊同觀點，對不同立場的觀點和對自己不利的方面絕口不談，要麼就一味攻擊。目前許多商業性的廣告幾乎都是一邊倒的單方面宣傳，「老王賣瓜，自賣自誇」，只說自己的產品好，而對產品的不足隻字不提。有的則介紹兩種對立立場，既說自己商品的優點，有利之處，也說它的欠缺，不利的方面。

霍爾默先生是美國房地產大亨。有一次他承接了一筆令他煩惱的房地產買賣生意。這塊土地雖然靠近火車站，交通便利；但也有不利之處，它緊挨一家木材加工廠，電動鋸木的雜訊不斷傳來，難以忍受。幾次業務洽談他都採用單面宣傳，只說好處，不說不利之言，結果都失敗了。

後來，霍爾默先生經過全方位嚴肅、細心的考察，他又找了一位想購買地皮的顧客。這次，他改變以往的做法，直截了當地向該顧客說明：「這塊土地處於交通便利地段，比起附近的土地，價格便宜得多了。當然，這塊土地之所以沒有高價賣出是因為它緊鄰一家木材加工廠，雜音較大。」

霍爾默先生見顧客一言未發，就繼續說：「如果您能容忍雜音，那麼它的交通便利、價格標準，均與您的要求非常符合，確實是您理想的購買地方。」

沒過多久，該顧客在霍爾默的帶領下到現場參觀調查，結果非常滿意。他對霍爾默先生說：「上次你特別提到的雜訊問題，我還以為很嚴重，那天我去觀察了一下，發現那種雜訊對我來說不算什麼問題。我以前住的地方整天重型卡車來往不絕，可是這裡的雜音一天總共只有幾個小時，整體來說，我很滿意。你這個人很老實，要換了別人或許會隱瞞這個事實，光說好聽的。你這麼如實相告，反而使我很放心。」於是，這項業務便輕鬆談了下來。

因為雙面宣傳給人真誠可信的感覺，使對方對你所展示的優點更加深信不疑，反而覺得你所說的缺點無足輕重。但是，這個結論也會因人而異。當對方學歷比較低，或者對該類商品的瞭解比較少的時候，則單面宣傳的效果會更好；而當對方學歷較高，或者對該類商品的瞭解較多的時候，則雙面宣傳的效果更好。

南風效應說服對方

一日，南風和北風在途中巧遇。兩位老友相見，格外高興，彼此攀談起來，相互吹噓自己有多厲害，越說越起勁，誰都不服誰。恰好這時，有一個穿著大衣的行人路過此地，於是他們決定來場比賽，看誰能把行人身上的大衣脫掉。

強壯的北風怒吼一聲，對南風老弟說：「看我的厲害，你就好好看著吧」。只見北風猛吸幾口氣，張口間，爆發出巨大的能量，狂風衝擊之勢，沙石飛揚。但只見行人低著頭，艱難的一步一步往前走，把大衣拉得更緊了。北風見此情形，甚是著急，更加賣力的拼命颳。然而行人為了抵禦北風的侵襲，便又把大衣拉的更加緊實，越拉越用力。氣得北風吹鬍子瞪眼睛，卻也無計可施。輪到南風上場，只見他讓暖人的南風徐徐吹來，頓時風和日麗，鳥語花香。行人感到非常舒適，於是很自然的寬衣解帶，脫掉了大衣。

這就是南風效應這一社會心理學概念的出處。南風效應給我們的啟示是：溫暖勝於嚴寒。

通常情況下，用溫和的方式去啟發他人進行自我思考或者反省，進而說服他人，往往比強硬的手段更有效。因為每一個人都有自己的思想，都不是一個毫無防禦能力的固定靶，並不是只要我們瞄準他，「砰」一聲槍響，他就會應聲而倒。

在人際交往的鏈環中，任何人都不是被動的槍靶，而是溝通的主體。你要向他開槍射擊，他難道就不可以躲避一下，或者拿起心靈上的盾牌，給你擋回去？甚至拿起槍對你扣動扳機？

一天，學生小賓被英語老師趕出了課堂。小賓在走廊裡站一會兒後，氣沖沖的來到班主任劉老師的辦公室。劉老師清楚此時此景，如果對小賓進行嚴厲訓斥，甚至「體罰」一下，小賓肯定聽不進去，甚至也會和自己發生衝突。於是，劉老師站了起來，摸了摸他的頭，「火氣還不小嘛！來，在我的椅子上坐會兒，消消氣。」等他的情緒穩定下來，劉老師又用關切的眼神凝視著他，輕柔的語言飄蕩在他的耳邊，向他瞭解事情的經過。

面對劉老師的平靜「溫柔」，小賓的怒氣漸漸平息，客觀公正的陳述了事情的經過，言語中也有他的自責。課後，小賓主動向英語老師道歉。

對待這件事情，如果劉老師採取不分青紅皂白，辱罵體罰，以維護「師道尊嚴」，自然不能產生這樣好的教育效果。

通常，很多老師都在為脫掉學生身上「某件大衣」而狠吹「北風」，但是，刺骨寒冷的「北風」只會激起孩子們的對立情緒和反叛心理。北風固然兇猛，可是結果卻事與願違；南風雖然徐徐，卻能達到預期目標。

有些人與大家在一起的時候，很凶，很霸氣，一次、兩次可能因為你厲害，占了上風，但不久你就會發現，你已經失去了朋友。我們經常會看到，在與別人發生衝突、衝突時，如果各不相讓，到最後只會弄得兩敗俱傷。我們何不學學南風呢？遇到問題，心平氣和的坐下來好好談談。

總之，在處理人與人之間的關係時，要特別注意講究方式方法。多溫和相待，少嚴厲對人。

能說會聽

超人氣的攻心說話術

CHAPTER 4

說話提問術

在溝通中，讓對方說得越多，我們瞭解對方真正意圖的機會就越多。所謂知彼知己，百戰百勝。當你掌握對方的情況，遠比對方知道你的情況還要多，你自然就掌握住了先機。

提問的四大作用

提問，是社會交往中很常見的一種活動。如何使對話按照自己計劃的進程發展，使社交對象說出自己想要得到的回答，很重要的一點就是取決於人們提問技巧的高低，它也是口才高低的表現。此外，提問還有以下作用：

1、促進人與人的關係

我們每天遇到熟人都會說：「小陳，去哪啊？」「老林，你來啦？」「小白，吃過飯了沒？」很顯然，問題的內容並不是我們關心的，而是用這種問候語進行感情交流。在同事、好朋友之間也經常用提問來交流情感。例如：你的女同事坐在那兒哭，其實你也明白她哭泣的原因是因為夫妻倆感情不睦，受到丈夫的欺負。如果你坐近她，從事件的起因問起，一直問到結束，她一定會感激你的體貼和關心。如果你不問她的苦衷，說上一堆大道理，一定不能使她感到安慰的。

2、以問話作為話語的引子

馮玉祥將軍統領西北軍時，部隊中有個外國軍事專家經常提問刺探軍事祕密。

馮玉祥不高興了，有一天對他說：「你知道中國『顧問』二字是什麼意思？」

「不知道。」

「『顧』者看也；『問』者問話也。『顧問』者，我看著你，有話問你時，才請你答覆。」

顯然，馮玉祥將軍的問話，其目的就要引出對方講「不知道」，然後就勢講出後面他想說的，對他進行教育。

3、以提問代回答

有一天晚上，保爾和安娜不幸被幾個匪徒攔劫。一個匪徒用手槍逼住了保爾，另外兩個獸性大發的匪徒把安娜拖到了一所空房子裡。事後，一個愛著安娜的工人茲維泰葉十分不安地問保爾，安娜是否被侵犯。

保爾很難過，反問道：「你愛安娜嗎？」茲維泰葉費力地說：「是的。」聽了這話，保爾抑制住憤怒，頭也不回地邁步走了。

這裡，保爾對對方提出的問題不作正面答覆。保爾這個反問，實際上回答了對方的牽掛問題，這個問句起到了一種以問代答的作用，反駁對方的話語。

4、回擊、反駁對方的話語

回擊、反駁有三種情況，一是回擊對方刁難、攻擊自己的話語動機；二是反駁對方的人品；三是反駁對方話語中提出來的觀點。試舉一例：

「徐孺子，南昌人，十一歲時與太原郭林宗遊，稚與之還家。林宗庭中有一樹，欲伐去之，云：『為宅之法，正如方口，口中有木，困字不祥。』徐曰：『為宅之法，正如方口，口中有人，囚字何殊？』郭無以難。」

郭林宗有迷信思想，認為宅中有樹，猶如口中有木，成了不吉利的「困」字，因此想把樹砍掉。而十一歲的徐稚一個問句就把這種觀點給反駁了。他說如果宅中不能有樹的話，那麼宅中也不能有人，因為口中有木成了「困」字，口中有人成了「囚」字。如果說「困」就不祥，那麼「囚」字又有什麼不同呢？問得對方無言以對。

提問的技巧

提問人必須根據被問人的心理特點進行提問，這樣才能達到提問的目的。而要恰當，得體、有效地提問，需要掌握一定的提問技巧。

1、選好對象，有針對性地提問

一、適應對方的年齡、身分、文化背景、性格等特點：

你對小朋友可以問「你幾歲啦？」但是對老年人就不宜這樣問。再如你可以對一個中國人問：「你在哪裡工作？」「收入不錯吧？」「家裡有幾口人？」這是關心尊重對方的表示；但這樣問一個美國人，就是打聽別人隱私的不禮貌行為。被問人有的熱情直爽，有的沉默寡言；有的文靜安詳，有的急躁；有的高傲，有的謙虛；有的誠懇，有的狡黠。性格不同，氣質各異，提問的方式也應當有相應的變化：或單刀直入，或迂迴進攻，或敞開發問，或試探而進。只有這樣，才能達到目的。

二、根據對方的心理特點：

在問答過程中，提問的人，提問的內容、提問的方式，甚至提問行為的本身都會對被問人的心理產生一定的影響。在提問的時候，被問人總是處於一定的心境之中，比如我們去探望病人，人家正在為病情焦灼不安，我們就不應問：「病情會不會惡化呀？」

另外，被問人總會對提問人的問題本身採取一定的態度，從而產生種種心理活動，如抗拒心理、迴避心理、揣測心理等。

2、掌握雙方問答進程，提問要有明確目的

提問在交際活動中處於主動地位，它決定了對方說不說，說什麼，怎麼說；也決定了雙方的交談程式和交際氣氛。所以，提問也應有控制技巧。

一、掌握社交氣氛：

兩人問答，氣氛是冷淡或是融洽，對社交的效果有很明顯的影響。社交氣氛可由提問的問題和方式來控制。選擇問句的句式和嚴肅的語氣，使氣氛緊張，能對被提問的人的心理產生壓力。如審訊犯人：

「你昨晚有去會計室？」「有去過。」

「一個人還是幾個人？」「一個人。」

「去幹什麼？」「偷錢。」

「偷了嗎？」「偷了。」

從此例可看出收到了較好的效果。

又如一位外祖母同她的小外孫久別後，見面時的一次對話：

「夏天過得好嗎？」「好。」

「有去游泳了嗎？」「沒有去游泳。」

「你見到了許多小朋友吧？」「嗯。」

「你愛吃冰淇淋嗎？」「愛吃。」

這樣的談話氣氛沉悶，雙方都像例行公務似的。其實，老祖母只是想和小外孫親近親近，不知怎樣才能讓他說話，只好接二連三地採取是非問答的方式，但是這種閉塞式的提問，當然不會打開對方的話頭了，這樣的提問就沒有控制住談話方向。

二、掌握由提問到表達的過程：

有時人們提問，是要對方聽自己表達，這就有個由自己提問到自己表達的轉變過程。如：

公車上，一位年輕人讓座給一位婦女，這婦女一聲不吭就坐下了。

年輕人問：「嗯，妳說什麼？」

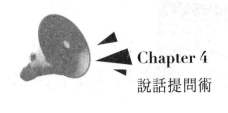

「我沒說什麼呀！」

「哦，不好意思，我以為妳說『謝謝』了呢。」

年輕人的提問是為了引出自己後面對女方的批評，顯得含蓄而又有心計。

又如孟子在批評齊宣王不會治國時問：

「假若一個人，把妻室兒女託付給朋友照顧，自己到楚國去了。等他回來時，妻子兒女卻在挨餓受凍。對這樣的朋友，該怎麼辦？」

王答：「和他絕交。」

孟子說：「假若管刑罰的官吏不能管理他的部下，怎麼辦？」

王答：「撤掉他！」

孟子又問：「假若一個國家治理得很不好，那又該怎麼辦？」

王這時只好看看左右，而講其他的了。

孟子先設兩問，誘導齊宣王作出肯定的回答，然後提出應該怎樣處置不會管理國家的國君，使宣王無以對答，最後服從自己的想法。

3、講究方式提問，提高提問水準

一、話題的選擇是一大關鍵：

一位心理學家曾說過，要使對方樂於答話，莫如挑他擅長的來說。其實，提問也如此。比如一個人羽毛球打得好，就可先問：「聽說你對羽毛球很拿手，是嗎？」問話的提問正像打羽毛球時的發球，你以對方的特長發問，就像特意發了個使對方容易接的球，他當然樂意還擊，一來一往，暢談不休。所以，有人把提問稱為「談話的發球」，這一比喻是很恰當的。

二、技巧要與實際相適應：

有位年輕人走進一家裝潢別緻的咖啡廳，拿起餐巾圍在脖子上。店主看見了，就對夥計說：「你過去告訴他，他弄錯了。不過講話要注意方式。」服務員走過去，對顧客說：「對不起，先生，您要刮臉，還是理髮？」這個年輕人聽後卻拉下了臉。

這個提問由於不符合社交場合，誰也不會跑到西餐館來刮臉或理髮，於是這種委婉提問在年輕人聽來就可能是諷刺與嘲弄，是達不到交際效果的。

三、運用技巧要講究效果：

有位父親想知道兒子畢業後找什麼工作。他提問：

「寶兒，你長大要做什麼？」

「當飛機駕駛員！」兒子說。

「當駕駛員幹什麼？」

「環遊世界！」

這位好心的父親啟發式的提問之所以未能達到效果，是因為提問的導向不明確，故兒子不可能如他預想的那樣回答。

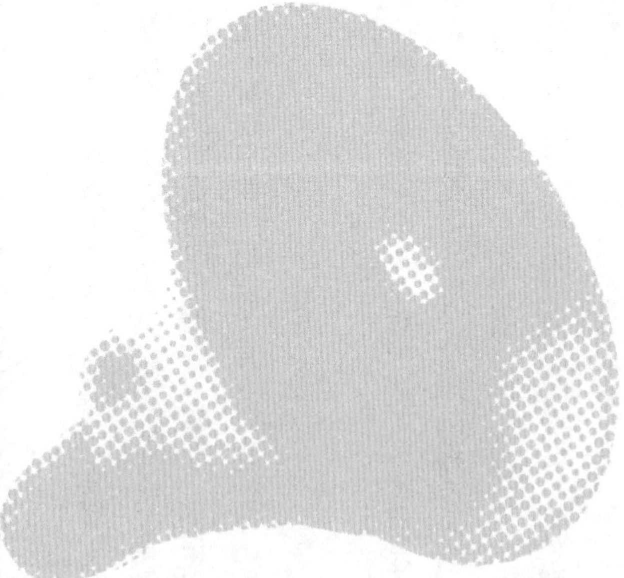

提問的方法

任何人都希望得到別人的尊重和體諒。表達同類或類似的意思、達到同樣或類似目的的問話，以不同的形式說出來，其效果也不一樣。

比方說，問「你很討厭他嗎」或「你很喜歡他嗎」就不如問「你對他的印象怎麼樣」好。對一個看來超過四十歲的人，與其問「你今年貴庚」，倒不如問「你可能只有三十多歲吧」；問「替我把信寄了吧」，就不如問「是否幫我寄了那封信」聽起來更舒服。

為什麼會出現這種效果上的差異呢？原因很清楚。第一句問話太直接，第二句話以對方為中心，讓人聽來有被尊重之感。提問者是否謙恭，其問話是否合乎聽者的心意，都直接會影響到問話的效果。問話者如果不尊重和體諒對方，他自己也只能自討沒趣。下面，我們將透過對兩句普通問話的分析來說明這一點。

一家餐廳裡曾發生過一件有趣的事。有兩位顧客同時到這家餐廳吃飯。在點菜時，一位顧客問服務員：「今天的石斑魚好不好？」服務員答應說：「好。」結果這位顧客只吃到了前一天剩下的石斑魚。另一位顧客則問服務員說：「今天有沒有什麼好的海鮮？」服務員也滿口應承說：「有。」這位顧客最後真正吃到了好海鮮。

為什麼這兩位顧客的遭遇不一樣呢？這就要從他們的問話上找原因。「今天的石斑魚好不好」和「今天有沒有什麼好海鮮」兩種問法，在對方心理上引起的反應是不一樣的，雖然它們在字面上有些相似之處。前者只是在問一樣東西，只有好或不好的兩個答案，為了顧全餐廳的聲譽，服務員不能不說「好」。而且，一種東西的好與不好的標準是很難說的。標準既不易界定，那麼服務員說了個「好」字，也不能說是欺騙了你，即使今天的石斑魚並不好。另外，前者所問的只是石斑魚，似乎除了石斑魚外，其他的都不愛吃。為了討好你，服務員也覺得說「好」是他的責任。這種問話產生的效果，只能是問話者吃虧。

第二種問法就不同了：首先，「今天有沒有什麼好的海鮮」表示心中並無成見，不管什麼海鮮，只要好便行。其次，這種問法還表現出提問者為人謙虛，善於請教他人，不是故作聰明。再次，這種問法範圍很廣，給對方留下了較大的迴轉的餘地。服務員可以說「有」，也可以說：「今天沒有什麼好海鮮。但今天的燒雞又肥又嫩，值得一試。」因此，這種問法必定會給服務員留下良好的印象。他見你求教於他，其自尊心就得到滿足。出於內心的高興，也出於對工作的負責，他當然會把最好的海鮮介紹給你。而且，「海鮮」的範圍很廣，只要把各種海鮮比較一下，把當天最好的介紹給你就行了，並且這工作也易於應付。

問話的方式是千變萬化的，這裡所舉的例子，只起到拋磚引玉的作用。要掌握紛繁的問話方式的奧妙，還得自己去不斷地揣摩和探索。

提問的尺度

提問是開啟談話對象的萬能鑰匙。只要你掌握了一定的問話尺度，即使你沒有各種專長，也足以應付各種各樣的人，因為你如果不能回答對方，就可設法一直提問。

交談，特別是陌生人之間的交談，都是以問話開始的。對不同的人，應問不同的話。假定你的談話對象是一位醫生，而你在醫學方面完全是個門外漢，你可以說「近來感冒好像又開始流行，你們大概又很忙於給一般人打預防針吧？」這個問題既是大家都關心的，又是對方的工作問題，經你一問，對方的口便開了。由此可以接著談下去，從感冒的症狀談到飲食衛生，談到治療藥品……只要你不厭煩，你可一直追他談下去。如果遇到房地產經營者，你可以問近來房價的起落；遇到電器行業的負責人，你可以詢問哪種牌子的電視機最實用；遇到教師，你可以問他學校的情形，學生的素質和傾向。

問話是打開交談之門的最好的辦法，而在問話時最好是問對方知道的問題或最內行的問題。但應該注意，在日常交談中，有些方面是不宜提問的。

第一，對方不知道的問題不宜問——如果你不能確定對方能否充分地回答你的問題，那麼你還是不問為佳。譬如你問一位醫生：「去年發生在本市感冒病例有多少？」這個問題對方很可能就答不出來，因為一般的醫生誰也不會去費神地記這類數字。要是對方回答說「不太清楚」，就不僅使答者有失體面，問者自己也會感到無趣。

第二，政見不宜問——如果你的談話對象不是一位政治家、政論家或權威人物，你最好不要就某個重大的政治問題向他提問。普通人對於政治的看法是有很大分歧的。對方不知道你有何背景，也不知道你有無成見，不會開誠佈公地回答這類問題。

第三，有些問題不宜刨根問底——比方說，你問對方住在哪裡。對方回答說「在台北」或者說「在香港」，那麼你就不宜再問下去。如果對方高興讓你知道，他一定會主動詳細地說出來，而且還會說「歡迎光臨」之類的話。否則，別人便是不想讓你知道，你也就不必再問了。此外，在問其他類似的問題如年齡、收入等的時候，也要注意掌握問話尺度，要適可而止。

第四，不要問同行的營業情況——在激烈競爭的社會裡，任何人都不願意把自己的經營狀況或祕密告訴一個可能的競爭對手，即使你問到這個方面的問題，也只能自討沒趣。

另外，在交往中還應注意：不問別人的飾物的價錢；不問報紙刊物的銷量（除非知道該刊物是一流的，對方說出來面無愧色）；不問女子的年齡（除非知道她已有六十歲）；不問對方的家世；不問別人用錢的方法……總之，凡對方不知道或不願別人知道的事情都應避免問。時刻要記住，問話的目的是引起雙方的興趣，不是使任何一方感到無趣，那麼，你的問話技巧就非等閒了。

看清對方，問得適宜

日常閒聊總免不了提問，但問也不是隨隨便便的。到什麼山唱什麼歌。同樣，提問也應見什麼人發什麼問。

首先，人有男女老幼之分，該由老人回答的問題，向年輕人提出就不合適，該向男性提出的問題，也不能叫女性來回答。

其次，每個人都有自己獨立的性格色彩。有人性格外向、熱情直率，對任何問題幾乎都能談笑風生，暢所欲言；有人寡言好思，情緒不外露，但態度比較嚴肅；也有人訥於言辯、孤僻自卑，對任何問題都敏感，甚至有點神經質。對性格外向的人儘管什麼問題都可以提，但必須注意問得明白，不要把問題提得不著邊際，否則很容易使談話「離題」。

對寡言好思的人，要開門見山，簡潔明瞭，提問要富有邏輯性，儘量提那種「連鎖式」問題，「你為什麼會這樣呢？」「後來呢？」等等，這樣可以促使他源源不斷、步步深入地談下去；對那種敏感而又訥於言辭的人，要善於引導，不宜開始就提冗長、棘手的問題，通常以他喜歡的話題，由淺入深據實發問，啟發他把心裡話說出來，但必須注意絕不能向他提令其發窘的問題。

再次，提問必須掌握最佳時機。提問並不像逛大街、上菜市場那樣隨時都可以進行。有些提問時機掌握得好，發問的效果才佳。

兩個過去很要好的朋友都剛剛進入職場工作，一個偶然的機會相遇了，互相詢問：「你們公司怎樣？工作還順利吧？談戀愛了嗎？」顯得既親熱自然，又在情理當中。但是，如果一位女孩經人介紹與一位從未見過面的男孩約會，公園門口兩人準時赴約了，沉默了一會，女孩抬起頭來問：「你談過戀愛嗎？工作輕鬆嗎？薪水多少？」其結局就可想而知了。

人們見面打招呼都喜歡問一句「吃飯沒？」如果這話用在吃飯時間前後，倒也無妨，但如果下午三點左右在公車上遇到熟人也問這麼一句，就難免讓人感到有點莫名其妙。一般來說，當對方很忙或正在處理急事時，不宜提瑣碎無聊的問題；當對方正專心欣賞音樂娛樂節目或體育比賽時，不宜提與這支音樂或這場娛樂節目和體育比賽無關的問題；當對方傷心或失意時，不宜提太複雜、太生硬、會引起對方不愉快的問題。

總之，一把鑰匙開一把鎖。我們應該注意選擇最佳時機，針對不同的對象，採用不同的對策提問，讓對方在輕鬆、自然的氣氛中，把思想深處的東西和盤托出。

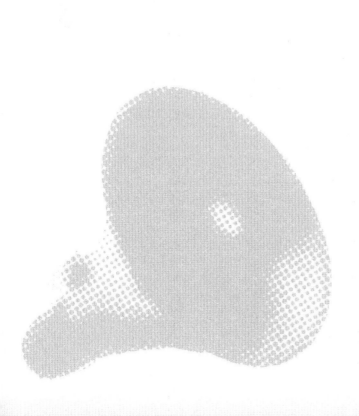

問得太多惹人煩

有個人家裡出了一點麻煩，可是他並不想讓別人介入這件事。可是有個朋友一次到他家去，感覺氣氛不對，於是就不斷問：「怎麼回事？你家出什麼事了？」搞得他很無奈。

經常遇到一些喜歡刨根問底的人，「無微不至」地關懷，讓人不堪忍受啊！假如有人沒完沒了地打聽你的生活，你感到煩不煩呢？不妨來連珠炮似地問一問：

第一，你現在正在聽誰的歌？你在哪裡讀書（工作）？你最後吃的東西是什麼？現在天氣如何？你們家養過什麼動物？你什麼星座？兄弟姐妹和他們的年齡？

第二，你穿了幾個耳洞？有紋身嗎？你喜歡你目前的生活嗎？喝過酒了嗎？暗戀過幾個人？會因為害羞而不敢跟人表白嗎？不敢吃的東西有哪些？最喜歡吃的是什麼東西？最喜歡喝什麼飲料？最喜歡的數字？最喜歡的電影？最喜歡的卡通人物？最喜歡的品牌？

第三，最懷念的日子？最傷心的經驗？最喜歡星期幾？最喜歡春夏秋冬哪個季節？最喜歡的花是什麼？最喜歡的運動是什麼？最喜歡的冰淇淋種類？最怕什麼東西？信不信有來世？

第四，無聊的時候你大多會做些什麼？你住的最遠距離的一個朋友是誰？世界上最好的事是什麼？目前有男（女）朋友嗎？覺得同性戀如何呢？對於沒有把握的事情態度如何？

第五，如果有人誤會你怎麼辦？如果有人誤會你，又不聽你解釋怎麼辦？有想過要怎麼對你討厭的人嗎？你認為你的另一半幫你付錢是理所當然的嗎？通常幾點上床睡覺？現在心裡最想見的人是誰？想要幾歲結婚？今天心情好嗎？

要如此地瞭解，煩不煩？累不累啊？與人交往，不該知道的就不要知道。知道多了反而惹是生非。每個人都有自己需要保密的東西，都有不想讓別人知道某些事的權利。你的朋友因一個不願讓他人知道的事鬧得情緒很低，而你又敏感地從他的神色上猜出了他有心事，於是就問對方遇到了什麼麻煩，可是對方覺得告訴你不好，不告訴你又怕得罪你，這不是難為他嗎？

一次提出兩個問題

若是你想讓對方選擇自己所期待的，問話時最好是將它置於後方。有人說，女性的心理真是難以捉摸，在邀請女孩子時，如果你先問：「要去嗎？」然後再問她：「不去嗎？」可能百分之八十的女孩子會拒絕說：「算了，還是不去好了！」因為女孩子總是比較含蓄和留有餘地的，對於沒有把握的事往往選擇「不」。

知道了女孩子的這種心理，你在邀請女孩子時就不妨運用一點攻心上的技巧，即不妨先問她：「不去嗎？」然後再問：「要去嗎？」增加她考慮答應的機率，情況就可能改觀。

也有些女性總是難以開口說「不」，讓你搞不清她的意思，你問她：「怎麼決定？是去，還是不去？」她沉默不語。有位心理學家是這樣說的：「女孩子的沉默不語，表示答應。」因此，你不妨這樣問她：「怎麼樣，還是去吧！」除非她很快地開口說「不」，否則就表示默許了。

日本著名的心理學家多湖輝說過這樣的話，根據人們選擇後者的思維習慣，在有兩個以上的選擇時，將你所期待的問題放在最後，就能獲得滿意的回答。

他還舉過這樣一個例子：

某男演員是一個著名的花花公子。有一次，他在一家雜誌上發表一段話，對於如何說服一名女性留下過夜，他用了這樣的問法：「妳是要回去？還是要留下來？」而絕不會問：「妳是要留下來？還是要回去？」

你看了這段故事後，大概也會覺得這傢伙確實有一手。因為，當一名女性被自己喜歡的男性問及「是否要回去」時，心裡便有安全感，因為對方似乎頗尊重自己，同時又因為期待落空而略感失望，便緊接著對方的「還是要住下來」的問話，又使失望感頓時消失，即使是不回答，也等於是答應了。

如果我們反過來先問「妳是要住下來」的話，一般女性必定會產生警戒心，而接著又問「還是要回去」，使對方直覺感到是要回去，即使原本是願意留下的，此時也不好說出口。

當然，在實際生活中，即使兩個人的交往已經到了很穩定的地步，「是否住下」這個問題對女性而言，還是一個很大的問題，必然會產生緊張心理。第一種說法，表面上看似乎尊重對方，其實不過是誘使女方的一種說辭。

我們在日常生活中也時常會遇上二者選擇其一的情況。若是你想讓對方選擇自己所期待的，問話時最好是將它置於後方。例如，在商店，當一位客人買了許多東西正要回去時，你便問他：「是要我幫你送過去呢？還是你自己帶回去呢？」大多數客人聽了都會說：「還是我自己來好了。」如此提問不但達到了你對他的關懷之意，同時卻又替自己省去了許多的時間和勞力。

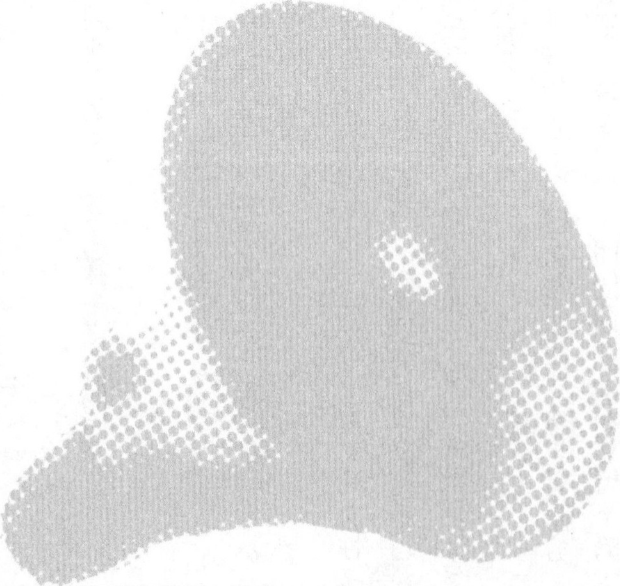

Yes或No

有一個朋友，他的女兒才貌雙全，許多條件很好的男人向她求婚都被她拒絕了。但是她並非不想結婚，而是她想到結婚以後，必須走進廚房，每天為柴、米、油、鹽之類的事情煩心，就退縮了。但是有一年，突然出現了一個讓她決定出嫁的男士。這個男士既能幹又有錢，只是長得不英俊。每一次約會她都是在不知不覺中答應的。後來漸漸地瞭解了他的工作，也和他的家人見了面。當有一天，她突然覺醒時已經太遲了，因為訂婚戒指已牢牢地套在她左手的無名指上。每次問她怎麼會嫁給他時，她總是開玩笑地說：「我是上了他心理戰的當。」有時又會說：「可能一切都是命。」

也許因為說了這些話，而引起了她繼續說下去的興趣，她談起了他們是如何開始約會，又如何閃電般迅速結婚的。現在將她聽說的話，摻雜了個人的想像，認為他們第一次約會時對話可能是這樣的：

「網球和電影，你喜歡哪一種？」

「我喜歡看電影。」

「國片和外國片，你是喜歡外國片？」

「是的，但是國際影城正在上演XXX導演的新片，雖然是國片，我也想看。」

「這樣好了，這個禮拜天我們一起去看。」

這個女孩不假思索，輕鬆地答道：「好吧！我們去看。」然後，他們就經常一起看電影。

剛開始時，這個女孩根本沒有想過要和這個男士約會，但事後想起來，當時男士問的問題中，她好像沒有回答「No」的餘地，都是說「Yes」或「OK」的。本來在一開始約會時，其內容都會有「Yes」和「No」的選擇，如果是「Yes」的話，那麼在以後的約會中，就會談有關「Yes」的內容，或A和B問題中的內容，而這個男士提問時，幾乎無視這一點，他只讓她從A或B中來選擇「Yes」或「No」。

雖然，她在這場心理戰中失敗了，所幸的是她建立了一個幸福的家庭，所以也就沒有什麼關係。

讓對方說「是」

美國電機推銷員哈里森，講了一件他親身經歷的有趣的事：

有一次，他到一家新客戶的公司去拜訪，準備說服他們再購買幾台新式電動機。不料，剛踏進公司的大門，便挨了當頭一棒：

「哈里森，你又來推銷你那些破爛！不要做夢了，我們再也不會買你那些玩意兒了！」總工程師惱怒地說。

經哈里森瞭解，事情原來是這樣的：總工程師昨天到車間去檢查，用手摸了一下前不久哈里森推銷給他們的電機，感到很燙手，便斷定哈里森推銷的電機品質太差。因而拒絕哈里森今日的拜訪，推銷更是無門啦！

哈里森冷靜考慮了一下，認為如果硬碰硬地與對方辯論電機的品質，肯定於事無補。他便採取了另外一種戰術，於是發生了以下的對話：

「好吧，斯賓斯先生！我完全同意你的立場，假如電機發熱過高，別說買新的，就是已經買了的也得退貨，你說是嗎？」

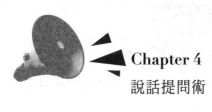

「是的。」

「當然，任何電機工作時都會有一定程度的發熱，只是發熱不應超過全國電工協會所規定的標準，你說是嗎？」

「是的。」

「按國家技術標準，電機的溫度可比室內溫度高出四十二度，是這樣的吧？」

「是的。但是你們的電機溫度比這高出許多，喏，昨天差點把我的手都燙傷了！」

「請稍等一下。請問你們車間裡的溫度是多少？」

「大約攝氏二十四度。」

「好極了！車間是攝氏二十四度，加上應有的攝氏四十二度的升溫，共計攝氏六十六度左右。請問，如果你把手放進攝氏六十六度的水裡會不會被燙傷呢？」

「那是完全可能的。」

「那麼，請你以後千萬不要去摸電機了。不過，我們的產品品質，你們完全可以放心，絕對沒有問題。」結果，哈里森又做成了一筆買賣。

哈里森的成功，除了因為他的電機品質的確不錯以外，他還利用了人們心理上的微妙變化。

當一個人在說話時，如果一開始就說出一連串的「是」字來，就會使整個身心趨向肯定的一面。這時全身呈放鬆狀態，容易造成和諧的談話氣氛，也容易放棄自己原來的偏見，轉而同意對方的意見。

使用讓對方說「是」的方法，有幾點要特別引起我們注意：一定要創造出對方說「是」的氣氛，要千方百計避免對方說「不」的氣氛。因此，提出的問題應精心考慮，不可信口開河。

例如，一推銷員與顧客之間發生了一場對話：

「今天還是和昨天一樣熱，是嗎？」「是的！」

「最近通貨膨脹，治安混亂，是嗎？」「是的！」

「現在這麼不景氣，真叫人不知如何是好！」

這一類問題雖然很正常，不論推銷員如何說，對方都會回答「是的」，好像已經創造出肯定的氣氛，可是注意他說話的內容，卻製造出一種讓人無心購買的否定悲觀的氣氛。也就是說，顧客在聽到他的詢問後，會變得心情沉悶，當然什麼東西也不想購買了。

要使對方回答「是」，提問題的方式是非常重要的。什麼樣的發問方式比較容易得到肯定的回答呢？最好的方式應是：暗示你所想要得到的答案。所以，在推銷商品時，不應問顧客喜不喜歡，想不想買。因為你問他「你想不想買」、「喜不喜歡」時，他可能回答「不」。因此，應該問：「你一定很喜歡，是吧？」

當你發問而對方還沒有回答之前，自己也要先點頭，你一邊問一邊點頭，可誘使對方作出肯定回答。

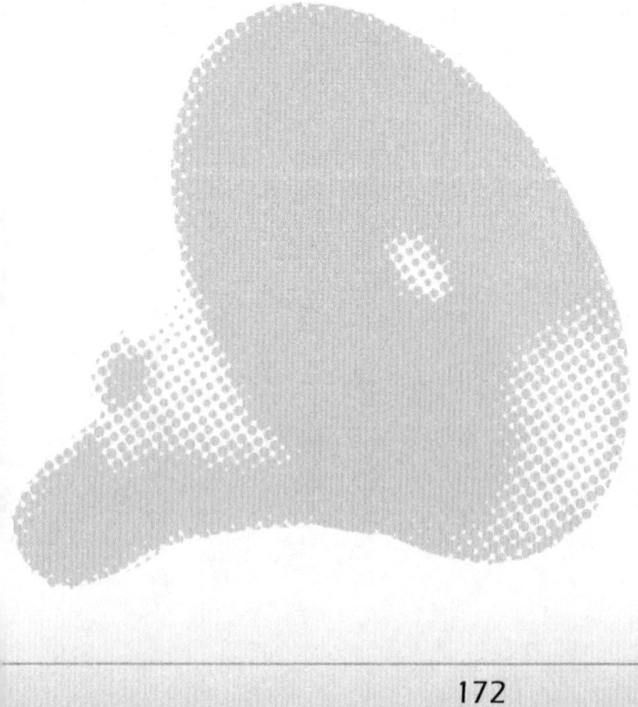

相同的問題可以有不同的問法

同是一個問題，措辭略有不同，效果相差很遠，例如，說「郵筒在哪裡？」和「在哪裡有郵筒？」便有不同的答案。因為你問法不同，聽起來就有差別。

以講究衣著出名的美國電影明星辛西雅・吉布，某次出席一個聚會，穿的是一件紅色的大衣，用一句形容詞就是「紅得很好看」。第二天，許多親友和記者來問及那件紅大衣的事，問法有如下的不同。

「吉布小姐，昨天妳穿了件什麼顏色的大衣呀？」（自由式）

「吉布女士，妳昨天穿了件大衣，是紅色，還是什麼別的顏色？」（半自由式）

「是紅色的吧？」（肯定式）

「不是紅的吧？」（否定式）

「是紅的，還是白的？」（選擇式）

「是深紅還是淺紅？」（強迫式）

吉布事後對人說，她最不開心是聽到「否定式」的提問，對於強迫式也不感愉快。她笑道：「他們何不問我那大衣是淺綠還是深綠？這樣，我會爽快地答他是紅的。」

否定的方式常會使問話的意義模糊不清，比如：「你昨晚喝醉了酒所以沒有回家嗎？」

公車上有一個女學生問她的同學米亞：「妳覺得這個假期的電影不算沒有好看的吧？」米亞聽不慣對方的問話，一時間也想不出如何答她，是要答「有」呢？還是「不算沒有」，實在是因為她的問題令人難解。

凡是可能直接使對方難過，有所損害的，都以間接法為宜。

有這樣一個例子：

某地有一個退休幹部，年已九十九歲，已拿退休金數十年，每次都由他的孫兒到有關單位領取。某次財務處換了一個新人，他看見名冊上寫著領薪人的出生年月是一九一二年，算一算豈不已近百歲，心想可能是他的兒孫蓄意瞞報領薪人死亡，從而冒領退休金。

本來他可以問：「先生，這個老先生還活著嗎？」可是他並不這樣問，而是用「間接法」：「老先生在一九一二年出生，今年幾歲了？」

聽話的人當然知道對方用意何在，於是答道：「今年九十九了，託福他還健在。」對方疑團頓釋，當即語帶歉意地說：「真是恭喜你有這麼一個長壽的祖父。」於是雙方滿意告別。

要知道別人的年齡，直接詢問也常會得不到好結果，尤其是問女性今年多少歲，簡直會被對方認為是一種侮辱。被選為日本第一號保險推銷員的原一平，就常用以下的方法問別人的年紀。他先問對方：「你看我今年幾歲呀？」對方說：「三十四、五歲吧？」原一平就答：「你猜中了，我今年三十四，你呢，我看是四十二、三吧？」（故意把對方估計年輕一些）「哪裡，我今年四十八歲了。」

先用一種方法向對方示以敬意，就是間接法的經典之處。比方說，你看見一個婦女大腹便便，你與其問她：「妳懷孕啦？」就不如說：「恭喜妳！」

問句類型舉例

讓對方說得越多，我們瞭解對方真正意圖的機會就越多。下面是一些問句類型的舉例：

封閉式問句

✔例一：有相當程度威脅性，令人不舒服

「上星期三，你上哪裡去啦？」

「你有沒有對愛咪提那件事？」

✔例二：供對方任意選擇

「你的專業是文科還是理科？」

「畢業後，你是去政府機關，還是到外商企業？還是選擇留校？」

✔例三：讓對方進一步明朗態度

「你想辦ＸＸ那件事，決定了沒有？有什麼困難嗎？」

「你說上級交給你的那項任務非常不好辦，現在有沒有勇氣承擔？」

✔例四：參照式問句，用第三者的意見說服對手

「老李認為ＸＸ事應該採取ＸＸ措施完成，你認為如何？」

「經理說，今年把營業額提高百分之十，大家認為怎麼樣？」

開放式問句

✔例一：使大家暢所欲言

「你對自己當前工作表現有什麼看法？」

「你看我們承擔的任務應該怎樣展開才好？」

「你對明年的工作計劃有什麼考慮？」

✔例二：徵求意見

「公司經理說需要派一個人去ＸＸ公司洽談業務，你願意去嗎？」

「工廠要做一項技術革新，你在這方面有基礎和經驗，你願意參加嗎？」

「我校新興學科缺乏教師要公開招聘，你願意報考嗎？」

✔例三：探索式問話可以顯示興趣和重視

「你談到在工作中遇到不少困難，你能不能告訴我主要有哪些？」

「你剛才講不適合承擔這項工作，你能進一步說明原因嗎？」

「你說小張有才華可以提拔重用，能不能進一步談談理由？」

✔例四：啟發對方談出新看法

「現在接近年末了，你能不能談談對今年工作的評價？」

「你在報刊上發表了不少ＸＸ方面的學術論文，對於學術研究有什麼竅門？」

「明年的物價可能還要上漲，你有什麼看法和意見？」

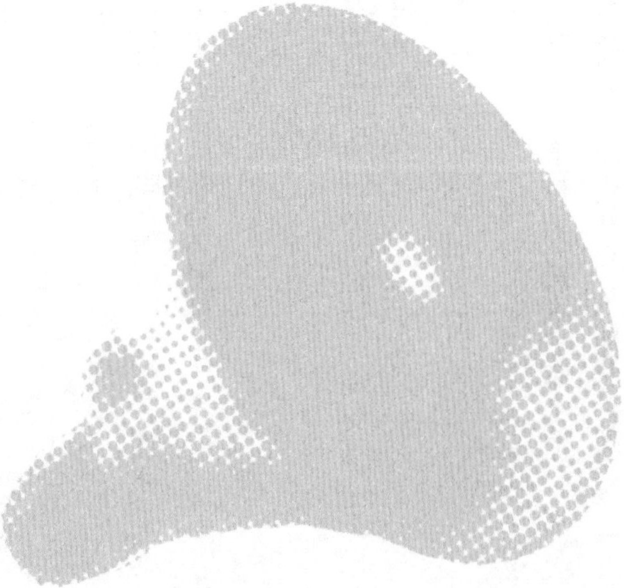

棘手問題巧應對

這個世界上，總是會有一部分人去刁難另外一部分人，而你作為一個人，必然要面對這些場面。這時候，就是考驗你的口才的時候。一方面，你要合宜地應對，圓滿地回答對方的問題；另一方面，你還要注意言辭，不給對方留下可乘之機。這樣回答的難度可想而知。不過，要想使你的社交活動成功，你就要想方法達到這個目標。

不管你是要回答記者們帶試探性的問題，還是面對怒不可遏的顧客、心懷不滿的雇員或者是愛尋根究底的競爭者提出的尖刻的問題，只要肯於動腦，你總會找到辦法回答的。

沃爾特・列士敦剛剛宣佈自己從市銀行總裁的崗位上退下來，就有記者向他發問：「如果保爾・伏爾克辭職的話，聯邦儲備銀行的職位會使你感興趣嗎？」

列士敦：「沒有人這樣問過我。」

記者：「現在我就想這樣問你。」

列士敦：「過去教過我的一位歷史學教授曾告誡我，絕對不要回答那些虛擬的問題。」

只用了精心挑選的寥寥數語，列士敦就得體、幽默又不無權威地對一個可能令人窘迫的問題作出了回答。諸如此類的巧妙應答當然不是容易做到的，即使是知名度很高，又有豐富經驗的領袖人物，也往往因為遇到特別棘手的問題而茫然不知所對。

以下列出善於思索、反應靈敏的人士應對棘手問題的最常見的幾種形式：

1、假設型問題

「如若你不能按期移交工作怎麼辦？」

許多人常常會陷入「如若……怎麼辦」之類的問題，都感到很難自拔。明智的人卻不會被這類問題逼得走投無路；相反他們會採取積極的態度。

下面就是一位廣告公司經理回答此類問題的一則實例。

問：「如果公司整頓搞不成怎麼辦？」

答：「我們花六個星期籌畫公司整頓事宜，我們打算做好它。」

2、「是與否」的問題

「由於這個原因，你們將雇更多的人來做事，是不是？」

如果你急於用「是」或「否」來回答這類問題，那你被逼入死角也是咎由自取。明智的人知道，在這種情況下，自己完全有權利談出自己的看法並做出解釋。試看一家印刷公司的主管是如何回答上述問題的。

「現在我們正在研究來年的生產計劃，看看我們的人手是不是夠了。如果我們需要雇更多的人，那我們一定會考慮的。」

當然，回答這樣的問題也不宜講得太多，講多了反而有「含糊其辭」之嫌。

3、「你認為某某怎麼樣」的問題

「你認為這位房地產經紀人將對指控做出什麼樣的反應？」

明智的人往往避免對任何別人會說什麼或做什麼做出預言，因為他們知道自己無法控制別人。但是，我們可以控制自己的言論。可取的回答是：「關於那位房地產經紀人的情況，我確實一無所知，你們得問他本人。」

在一次記者招待會上，記者問雷根是否相信這樣的說法：蘇聯人認為他會再度連任總統，所以想和他會晤。雷根總統回答：「究竟什麼原因（使他們想和我會晤），你得問他們。」

4、「何者為最」的問題

「你可以列出你們人事部門最關心的兩大問題嗎？」

對此類問題要小心。雖然問題聽上去很簡單，但是如果掉以輕心、隨便應答，那你可能會後悔莫及。一家公司的人事經理曾直率地回答這個問題：「我們最關心的是生產率和吸毒問題。」殊不料，該公司一位女性雇員當即跳出來責問他：「這麼說，難道你就不關心關心給婦女平等機會的問題？！」

為了避免陷入這種窘境，明智的人會這樣回答：「我們最關心的是這樣一些問題，比如……」或「讓我跟你說說我們關注的幾個最大的問題，那就是……」

5、「非問句形式」的問題

「我很欣賞你的訓練計劃，但是我並不認為我現在就需要一位私人教練。」

對這種斬釘截鐵、毫無商量餘地的陳述，不妨將對方的陳述先改成問題，然後陳述自己的主張給以回答。紐約有一位健身諮詢顧問，對來自客戶的抵制之聲一向胸有成竹。當客戶對她說，他們不需要家庭授課時，她是這樣做出反應的：「你們一定也有這樣的疑問：從你的家庭授課中我能得到什麼呢？」接著她便侃侃而談其適應不同需要的健身服務專案的益處，以打動對方，爭取對方改變立場。

6、「私下裡隨便談談」的問題

「請你和我談談——這是咱倆私下隨便聊聊，不要顧慮——關於那項工程建設你還有什麼問題嗎？」

如果你認為這只是小範圍的晤談，或認為只是在跟一些耳目閉塞的人講話，所以盡可能講得自由、隨便一點，那你就很可能上當，且悔之晚矣。何以見得？因為當你對任何一個問題做出反應時，你都應當把你的回答看成可能在明晨頭版見報的，而事實上也確有這種可能性。所以明智的人會這樣抵擋：「無論如何那不是應該私下解決的問題，還是大家開會一起商量的好。」

7、「非此即彼」型問題

「對你們公司來說什麼更重要——是重新裝修董事長辦公室呢？還是修繕員工餐廳？」

沒有哪一條規則規定動作，你必須選擇A或B。你盡可這樣回答：「兩者對我們來說都很重要。」或者「這正是我們今年要著手改進的兩項工作。讓我再跟你講講其他的吧。」下面是一位行政長官在記者招待會上對付一個「非此即彼」型尷尬問題的實例。

記者：「鐘斯太太，你是另有他就還是被迫下臺？」

鐘斯：「昨天下午五點鐘我正式提交了辭呈。」

8、帶有「為什麼」的問題

「銷售員都差不多，為什麼我非買你的貨不可？」

一聽到這個「為什麼」，你就首先應該設身處地考慮一下，對方需要什麼？如何投其所好。請看一位健康食品推銷員羅賓斯坦是怎樣回答上述問題的：「我不強調價格，因為大多數推銷員的報價大同小異。我要告訴顧客，他們和我打交道不會吃虧，使顧客都願意跟我做生意──那才是銷售產品的決定因素。」

9、「非真實前提」型問題

「既然你手下的人已經延誤了交貨，你打算採取什麼措施來彌補？」

當你聽到一個不真實的前提時，你應該立刻糾正它，不要讓它毫無異議地滑過去，否則你會給人留下同意這個前提的印象。如果必要的話，你可以打斷對方，稍稍提高嗓門，甚至舉手示意對方別再講下去。

然後你可以這麼回答他：「對不起，史密斯先生，情況可並不是像你說的那樣，我可以給你看看你寄來的訂單。」

10、「開門見山」的要求

「那麼，跟我講講你們公司（你們以前的工作或你們的新生產線）的情況吧。」

一個「開門見山」的要求往往給你提供了一個很好的宣傳自己的機會。你可以準備一些短小精悍而又能高度概括的講話腹稿，以便伺機出擊。

只要肯於動腦子，積極借鑑別人的長處，不斷提高自己的表達能力和應變能力，遇到特別棘手的問題時，你也會應付自如，而不會遭遇茫然不知所對的尷尬。

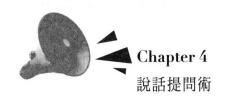

能説會聽

超人氣的攻心説話術

CHAPTER 5

說話拒絕術

拒絕別人是件不容易的事。有一位教授說：「求人辦事固然是一件難事，而當別人求你辦事，你又不得不拒絕的時候，也是叫人頭痛萬分的。因為每一個人都希望得到別人的重視，同時我們也不希望給別人帶來不愉快，所以也就很難說出拒絕別人的話。」因此說，拒絕別人並不是容易的事。

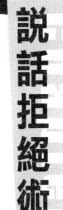

在生活中學會拒絕

在生活中善於說「不」，是擺脫一切干擾的藝術。在生活中，處處需要說「不」。比如，休假日你正在家休息，推銷員不期而至，說什麼「只要一分鐘」，接著就軟磨硬纏推不出門；電話鈴忽然響了，是某家電器公司的推銷人員，向你介紹一種最新產品，是如何的物美價廉；你本來最近財務就有點吃緊，卻有朋友告訴您「阿威要結婚了，我們是否祝賀一下」，「美美剛生了小孩，我們去看看好嗎」；當你正在辦公室聚精會神地工作，來了一位工作剛告一段落的同事對你說：「休息一下，別那麼累。」剛送走這位先生，又來一位聊天的同事，如果你對他們都熱情地奉陪到底，這半天就泡湯了，什麼事都做不成了。對付「聊天客」，你可以說：「真抱歉，今天是我近來最忙的一天，再累都不敢休息。」稍微知趣者，會立即退出辦公室。

「不」字是一個情緒強烈的負面詞，當我們對上司、對朋友使用它時，一定要面帶微笑，語氣親切。即使是對素不相識的行銷人員，也要講究點方式方法。

在生活中，對來自親戚朋友的請求更要學會一些拒絕的技巧。假如我們擔心老朋友埋怨我們不近人情，怕人們說我們不願幫助人，怕傷害別人的自尊心或怕給人帶來不愉快和麻煩，便輕易答應別人一些事情，結果反而使自己陷於無窮的煩惱和糾纏中不能自拔，這樣不只浪費了自己的時間，還浪費了自己的精力，傷害了自己與朋友的感情。

1、首先為說「不」字而表示歉意

當你要拒絕朋友的求助時，首先態度要溫和，儘管說「不」是自己的權利，仍需先說「非常抱歉」或者說「實在對不起」，然後再詳細陳述自己不能「幫忙」的各種理由。這樣，朋友在感情上就能接受，從而避免一些負面影響。

讓朋友在感情上體會到，你拒絕的是這件「事」，而不是「人」。使朋友感覺這件「事情」雖然被拒絕了，而他和你還是要好的朋友。你可以如此說：「這件事我非常樂意幫忙，只是不巧，我現在手頭正做一個急件，下次您再有這樣的好差事，我一定幫忙到底。」你還可以這樣說：「這幾天我實在脫不開身，您是否請老張來幫忙，他在這方面業務比我精通，您若是不便於找他，我可以代您向他求助。」

2、委婉地拒絕朋友

不要生硬地拒絕朋友的求助，應該讓朋友意識到你是為了他的「利益」而拒絕的。你可以這樣說：「我非常同情您，也非常想幫助您，但對這件事我並不在行，一旦做壞了，既耽誤了工作，又浪費了財物，影響也不好。您不如找一個更穩妥的人辦。」或者說：「您的事限定的時間太短了，我若輕易接下來，在這麼短的時間內，肯定做不好。您可以先找別人，實在不行了我們倆再商量。」這位朋友即使轉了一圈回來再求你，你已有言在先，這時你就可以提出一些諸如推遲完成日期之類的條件。如果這位朋友認為不行，他自己就會另請高明去了。

如果朋友請求幫助的事的確思考不周，你可以耐心地實事求是地給朋友分析這件事辦與不辦的利弊，讓朋友自己得出「暫時不辦此事」的結論。

3、在工作中學會拒絕

工作中每個人都有自己的任務，雖然幫助同事是種好事，但若妨礙了自己的工作則應該學會拒絕。

當然，拒絕他人不是件容易的事，需要一些技巧。例如，拒絕接受不善體諒他人而又十分苛刻的上司要求，通常都被視為不可能的事。但是，有些老練的時間管理者卻深諳回絕方法，經常將來自上司的原已過多的工作，按輕重緩急編排辦事優先次序表，當上司提出額外的工作要求時，即展示該優先次序表，讓上司決定最新的工作要求在該優先次序表中的恰當位置。

這種作法具有三個好處：

✔第一，讓上司做主裁決，表示對上司的尊重。

✔第二，行事優先次序表既已排滿，任何額外的工作要求都可能令原有的一部分工作無法按原定計劃完成，因此除非新的工作要求具有高度重要性，否則上司將不得不撤銷它或找他人代理，就算新的工作要求具有高度重要性，上司也不得不撤銷或延緩一部分原已指派的工作，以使新的工作要求能被辦理。

✔第三，部屬若採取這種拒絕方式，可避免上司誤會他在推卸責任。因此，這是一種極為有效的拒絕方式。

不要不好意思說「不」

很多人在想要拒絕對方的時候，會產生一種「不好意思」的心理。這種心理阻礙了人們把拒絕的話說出口。由於這種矛盾的心情，態度上就不那麼熱心，說話吞吞吐吐，欲言又止欲藏又露。在這種心理的制約下，最終往往是依照對方的意圖行事。即使拒絕了對方，其態度也容易使對方產生誤解，認為你存心擺架子，不夠朋友。因此，要想使自己在工作和社會交往中，不致惹出許多麻煩，首先要克服這種「不好意思」的心理障礙。

國外研究拒絕藝術的專家強調，要建立這樣一種意識：「你有權利說『不』，你不必因為對人拒絕了一件事而感到不好意思。」這樣，你在拒絕時就會心情坦然、舉止大方、態度明朗，避免被誤解和猜疑。即使對方開始會對你的拒絕產生一點失望和遺憾，但由於你的態度表情向對方表明你是坦誠的，使對方受到感染，容易弱化對方心中的不快。如果你自己都覺得拒絕不應該，覺得心虛，那麼你的態度表情就會遲疑不決，對方也會覺得你拒絕的理由是不可信的。

在服裝店，你在挑選一件襯衣，樣式和做工都令人滿意，但在價錢上你卻覺得不夠理想，但看到售貨員的熱情服務，使你不好意思不買它。售貨員就是利用你的這種心理，越是看到你在猶豫，就服務得越熱情越周到，幫你量好尺寸、試大小，甚至動手包裝好，放進你的購物袋裡，造成既成事實。

初次交女朋友，你也許會感到左右為難，因為她的長相實在讓人愛不起來，但是，由於是你的上司介紹的，或者是上司的女兒，使你在拒絕上產生了猶豫，所以雖然每次會面都使你感到不舒服、不愉快，恨不得馬上逃得遠遠的，但你一想到她的身分，上司的威嚴，你就不得不仔細斟酌。她卻對你一見傾心，脈脈溫情，你的上司也覺得好事可成。隨著時間的推移，你一再喪失拒絕的機會，勉強從事，但這樣的婚姻也是不會幸福的。

不知生活中有多少人因為不好意思說出那個「不」字，而買了不稱心的襯衫，答應了自己辦不到的事情，耽誤了自己不應該耽誤的約會……

拒絕，但不使人難堪

在你日常的工作和生活中，很可能也會遇到下列的情形：一個素行不良的熟人來纏住你，非要向你借錢不可，但你知道，如果借給他便是肉包子打狗一去不回頭；你的頂頭上司在增減人員上向你提出一些建議，但是這些建議又不符合公司現實情況……諸如此類的事你必定要加以拒絕，可是拒絕之後，就要傷和氣，引人惡感，被人誤會，甚至積怨。要避免這種情形發生，唯一方法便是要運用些聰穎的智慧。請看下面的例子：

在德國某電子公司的一次會議上，公司經理拿出一個他設計的商標徵求大家意見。經理說：「這個商標的主題是旭日。這個旭日很像日本的國徽，日本人民見了一定樂於購買我們的產品。」

營業部主任和廣告部主任都極力恭維經理的構想，但年輕的銷售部主任說：「我不同意這個商標。」經理聽了感到很吃驚，全室的人都瞪大眼睛盯住他。

年輕的銷售部主任沒有跟經理爭論那個帶紅圈圈的設計是否雅觀，而是說：「我恐怕它太好了。」

經理感到納悶，臉上卻帶著笑說：「你的話叫我難理解，解釋來聽聽。」

「這個設計與日本國徽很相似，日本人喜歡，然而，我們另一個重要市場中國的人民，也會想到這是日本國徽，他們就不會引起好感，就不會買我們的產品，這不同本公司要擴展對華貿易營業計劃相抵觸嗎？這顯然是顧此失彼了。」

「嗯，你的話高明極了！」經理說。

年輕主任用一句「我恐怕它太好了」先撫平了經理的不快，使他不失體面。後來他用更充分的理由，提出反對經理的意見，經理也就不會感到下不了臺。所以，向有權威的人士表示反對或拒絕，你一定要有充分的理由，還要注意技巧。

拒絕用語

拒絕是難免的，遭到拒絕又是不愉快的。但誠懇的態度，得體的用語可以把這種不快減少到最低度，並得到對方的諒解和認可。

1、誘導法

甲向乙打聽機密，乙神祕地問：「你能保密嗎？」

甲說：「能。」

乙接著說：「你能，我也能。」

2、推託法

「前幾天經理剛宣佈過，不准任何顧客進倉庫，我怎能帶你去呢？」

「這個問題涉及好幾個人，我個人決定不了。我把你的要求提上去，讓人事部討論一下，過幾天答覆你，好嗎？」

3、委婉法

「這件事我做不了主，我把你的要求向老闆反映一下，好嗎？」

「這個設想不錯，只是目前條件不成熟。」

「這倒是個好辦法，但我的上司恐怕無法接受。」

「主意不錯，可惜我那天正好出差在外。」

4、隱晦法

「小夥子，真難想像公司少了你會怎麼樣，不過我從下星期一開始想試試看。」

「貴公司地理環境不太好，我看ＸＸ公司可能更適合舉辦這次活動。」

5、虛實法

問：「美國能拿幾塊金牌？」

答：「到時候就知道了。」

問：「ＸＸ認為貴公司不可能按時交貨。」

答：「他們有充分的言論自由，他想怎麼說，就怎麼說吧。」

拒絕的六大妙招

怎樣才能既拒絕別人又不得罪他，不惡化相互關係呢？教你幾種既恰到好處，又不失禮節的拒絕妙招：

1、幽默詼諧式

著名導演希區考克在執導一部影片時，有位女明星老是向他提出攝影角度問題，她左一次右一次地告訴希區考克，一定要從她最好的一側來拍攝。「很抱歉，我做不到！」希區考克回答：「我們拍不到妳最好的一側，因為妳把它放在椅子上了。」他的話，引得在場的人都笑彎了腰。

通常，幽默的語言可以調節氣氛，並且能讓對方在笑過之後得到深刻的啟示，如果以幽默的方式來拒絕，氣氛會馬上鬆弛下來，彼此都感覺不到有壓力。

2、熱情友好式

一位青年作家想跟某大學的一位教授交朋友，以期今後在文藝創作和理論研究方面攜手共進。作家熱情地說：「今晚六點，我想請您在海天樓餐廳共進晚餐，我們好好聚一聚，您願意嗎？」事情真湊巧，這位教授正在忙於準備下星期學術報告會的講稿，實在抽不出時間。於是，他親熱地笑了笑，又帶著歉意說：「對您的邀請，我感到非常榮幸，可是我正忙於準備講稿，實在無法脫身，十分抱歉！」他的拒絕是有禮貌而且愉快的，但又是那麼乾脆。

如果你想對別人的意見表示不同意，請注意把你對「意見」的態度和對人的態度區分開來，對意見要堅決拒絕，對人則要熱情友好。

3、相互矛盾式

春秋時，魯國相國公儀休喜歡吃魚，因此全國各地很多人送魚給他，但他都一一婉言謝絕了。他的學生勸他說：「先生，你這麼喜歡吃魚，別人把魚送上門來，為何不要了呢？」

公儀休回答說：「正因為我愛吃魚，才不能隨便收下別人所送的魚。如果我經常收受別人送的魚，就會背上徇私受賄之罪，說不定哪一天會免去我相國的職務，到那時，我這個喜歡吃魚的人就不能常常有魚吃了。現在我廉潔奉公，不接受別人的賄賂，魯君就不會隨隨便便免掉我相國的職務，只要不免掉我的職務，就能常常有魚吃了。」聽了先生這番話，學生若有所悟地點了點頭。

當別人向你提出使你感到為難的要求時，你不妨先承認他的要求可以理解，你同時也希望滿足他的要求，但接著說出不容置疑的客觀原因，從而拒絕他的要求。

4、相反建議式

有這樣一則對話：

小李：「小張，王經理讓我把這些資料整理好，但我怕做不好，你能幫我完成嗎？」

小張：「我很願意幫你的忙，但不湊巧得很，我自己的那份工作還沒做完。其實以你的能力和素質是完全可以做好那件事的。你不妨先做著，等我忙完再幫你做點別的什麼。」

小李：「那好吧，謝謝你啊！」

小張的這一番話說得非常妙，如此既有拒絕，又有相反的建議，建議他先做著，對方還有什麼話好說呢？相反，如果小張本能地回答：「你的事我可不在行」。這是很不好的拒絕方法，很容易傷了同事之間的和氣。

5、岔開話題式

林肯曾經有一次巧妙的拒絕：一個禿頭的來訪者對林肯糾纏不休，浪費了他不少時間。為了擺脫他的再次打擾和糾纏，林肯想出一個妙方。

在那人第二次來訪時，他故意打斷對方的話，匆忙拿出一瓶生髮藥水送給對方：「人們都說這種藥水可以使腦袋長出頭髮來。現在你把它拿走吧，過幾個月再來看我，告訴我效果如何。」那人有點尷尬，但看林肯誠心誠意的樣子，只得拿起藥水走了。林肯的這一招確實高明，不僅一下子把對方打發走了，還使對方不好意思在短期內再來打擾他。

當別人向你提出某種要求時，他們往往透過迂迴婉轉的方式，繞個大彎子再說出原意，如果你在他談到一半時就知道了他的意圖，並清楚自己不能滿足他的願望時，你不妨把話題岔開，說些別的。讓他知道這樣做只會使你為難，他也就會知難而退了。

6、尋找出路式

例一——

甲：您就幫我把這件事辦了吧！

乙：這件事我實在沒有時間幫你去辦了，你不妨去找老李試試。

例二——

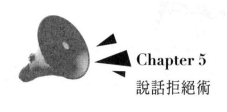

甲：這份資料，我能借用幾天嗎？

乙：對不起，這份資料我這幾天還要用，不過圖書館裡還有一份沒有借出去，你趕快去還可以借到。

當對方確有為難之事求助於你，你又無法承擔或不想插手時，你可以用為對方另找其他出路的方法，來減少可能產生的不愉快。對方有了其他「出路」，就會對你的拒絕不在意了。

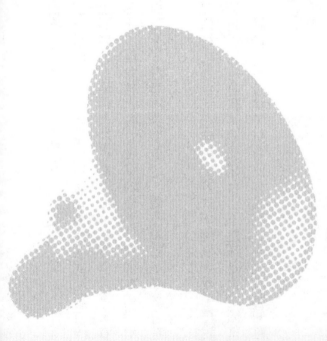

說「不」的禁忌

說「不」不是想說就能說，說「不」也有許多禁忌：

1、忌拖延說「不」的時機

有些人覺得不便說「不」，便隨便找些不值一駁的理由來暫時搪塞對方，以求得一時的解脫。這個方法並不好，因為對方仍可以找理由跟你糾纏下去，直到你答應為止。比如：你不想答應幫他做事，推說：「今天沒有時間。」他就會說：「沒有關係，你明天再幫我做好了，事情就拜託你了。」

又如：你不想要對方想轉讓給你的一件衣服，你推說：「錢不夠。」那麼對方會說：「錢以後再說。」就把你輕易應付過去了。或者你不願意跟對方跳舞，推說：「我跳不好。」那麼他一定會說：「沒關係，我慢慢帶著你跳。」

2、忌與對方套關係

給人以「敬而遠之」的態度，比較容易把「不」說出來並說得較好，或者說，對方試圖與你套關係，你要保持頭腦清醒，以免做了感情俘虜，給對方可乘之機。

一般說來，見一次面就能記住別人名字的人，常容易與人接近，故此，在交談中不斷稱呼別人名字，並冠之以「兄」、「先生」等詞語，這易產生親近感。那麼，反過來你想說「不」時，便應杜絕這種親密的表示，即對方的名字一概不提，這樣加大與對方的心理距離，容易說「不」。

還有，談話時儘量距離對方遠些，使其不容易行使拍、拉等觸動性的親密動作。據心理學家研究，「觸動」是很容易產生共同感受的，所以想說「不」時應注意避免。另外，最好也不要觸摸對方遞出來的東西。東西也和人一樣，一經「觸摸」也會產生「親密感」，想要拒絕就不容易了。

因為這些都是小小的謊言，一經反駁，你定有所慌亂，「不」的意志便很難貫徹了。所以對付這種情況，你倒不如直截了當地用較單純的理由明確地告訴對方：

「你托辦的這件事辦不到，請原諒。」

「這件衣服的顏色我不喜歡，很抱歉。」

「我已經另約了舞伴，不能跟你跳，對不起。」……

這樣雖說顯得生硬些，但理由單純明快，不給對方可乘之機，倒可以免除後患。

3、忌優柔寡斷

拒絕別人時，要坦誠明朗，不要優柔寡斷。當然，這並不是主張在任何情況下，對任何人都直來直去地說出這個「不」字。對於那些自尊心較強、反應敏感或是「臉皮薄」的人來說，只婉轉地表述拒絕的理由，而不說出拒絕的話會更好一些。因為對方會從你的話音中體察到你拒絕的意圖，作出相應的反應來。這種拒而不言絕、諉而不言推的方式，可以避免使對方感到下不了臺、丟面子，避免破壞交往的好氣氛。比如，當朋友在你正要出門時來訪，你在表示歡迎的同時可以說一句：「你來的真巧，再稍微晚一點就一定會撲空了。」這等於暗示對方，你馬上要出門辦事。如果對方是知趣的人，便會簡短地說明來意後很快告辭，或者另約時間再訪。這比由你發出明確的「逐客令」要好得多。需要注意的是，你的暗示必須含義清楚，使對方易於覺察。

說「不」能贏得尊重

在人際交往時，大家怎樣對你，都取決於你自己。一味順從別人的人，註定要毀在大多數心有惡念的人手中。而想要別人對你尊重，那就得學習一些說「不」的表達方式，比如：

1、斬釘截鐵地表示你的態度

即使在可能會有些無奈的場所，也將需要態度明確地對某些服務員、售貨員、陌生人說話，對蠻橫無理的人要以牙還牙。你必須在一段時間內克服自己的膽怯和習慣，堅持一下，你就會發現，事情本該如此！你只要從此中獲得一次成功，就一定會鼓起你的勇氣。注意，這時你該大聲點！當然「君子動口不動手」，你只不過為了維護自己的利益，跟他們沒仇。

2、不再說那些引誘別人來欺負你的話

「我是無所謂的」、「你們決定好了」、「我沒有這個本事」，這類「謙恭」的推託之辭就像為其他人利用你的弱點開門。當賣菜人讓你看秤時，如果你告訴他

你對這事一竅不通，那你就等於告訴他「多秤點」，這種事情隨時隨地都可以發生——如果你不介意的話！

3、敢於說「不」

乾脆地表明自己的否定態度，會使人立刻對你刮目相看。事實上，與那種遮遮掩掩、隱瞞自己真實感受和想法的態度相比，人們更尊重那種毫不含糊的回絕。同時，你也會從這種爽快的回答中，感到自信又回到了自己心中。欲言又止、支支吾吾的態度，只會給人造成「誤解」。

4、對盛氣凌人者毫不退讓

當碰到隨意插嘴、強詞奪理、愛吹毛求疵、令人厭煩、多管閒事的人使你難堪時，要勇敢地指明他們的行為之不合理處，並嚴肅地對他們說：「你剛剛打斷了我的話」、「你的歪理是根本行不通的」、「以你的邏輯推敲，地球就不是圓的了」，等等。這種策略非常有效。它告訴別人，你對不合情理的行為感到厭惡。你表現得越平靜，對那些試探你的人越是直言不諱，你處於軟弱可欺地位上的時間就越少。

5、告訴人們，你有人身自由

不要去聽從那些並非命令的命令，休息之餘你自己想做什麼就做什麼，出差辦事也大可不必抱住別人的大件行李，而讓他悠然自得地在前頭漫步。違背自己意願的事不要去做。自己想做的事，只要不違法違紀，儘管去做，不要怕別人的冷嘲熱諷。生活把你改造成為一個「軟弱可欺」的弱者，但是經過你的努力，你一定能夠變為強者。

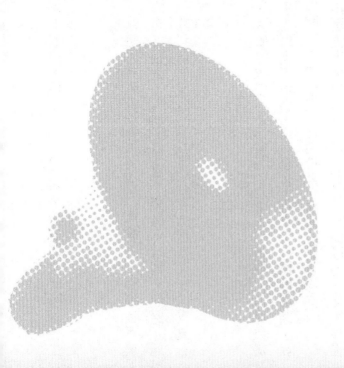

談判中的拒絕術

在談判過程中，當你不同意對方觀點的時候，一般不應直接用「不」這個具有強烈的對抗色彩的字眼，更不能威脅和辱罵對方，應儘量把否定性的陳述以肯定的形式表示出來。

例如，當對方在某件事情上情緒不好，措辭激烈的時候，你應該怎麼辦呢？一個老練的談判者在這時候會說一句對方完全料想不到的話：「我完全理解你的心情。」這句話巧妙之處在於，婉轉地表達了一個資訊：不贊成這麼做，但使對方聽了心悅誠服，並產生好感。

喜劇大師卓別林曾經說過：「學會說『不』吧，那樣你的生活將會好得多。」

1、儘量說「我」「我們」

拒絕的技巧有很多，但目的則是一個，就是既要說出「不」字，又使人覺得可以理解，盡可能減少對方因被拒絕而引起的不快。

對於談判，馬基雅維利有一句名言：「以我所見，一個老謀深算的人應該對任何人都不說威脅之詞或辱罵之言。因為兩者都不能削弱敵手的力量。威脅不會使他們更加謹慎，辱罵則會使他們更加恨你，並使他們更加耿耿於懷地設法傷害你。」

因此，談判出現僵局，需要表明自己的立場時，也不要指責對方。你可以說：「在目前的情況下，我們最多只能做到這一步了。」如果這時你可以就某點作出妥協，你可以這樣說：「我認為，如果我們能妥善解決那個問題，那麼，這個問題就不會有多大的麻煩。」既維護了自己的立場，又暗示變通的可能。在這裡用的詞都是「我」、「我們」，而少用「你」、「你們」。

2、尋找一些托詞

談判中，遇到你必須拒絕的事情，而你又不願傷害對方的感情，這時你可以尋找一些托詞。例如：「對不起，我實在決定不了，我必須與其他人商量一下。」「待我向上頭報告後再答覆你吧。」「讓我們暫且把這個問題放一放，先討論其他問題吧。」

這種辦法，雖然可以擺脫窘境，既可不傷害對方的感情，又可使對方知道你有難處。但是，這種辦法總有點不乾脆。因為，這樣雖一時能敷衍過去，但對方以後還可能再來糾纏你。總有一天，當他發覺這就是你的拒絕，明白你以前所有的話都是托詞，於是他就會對你產生很壞的印象。所以，有時不如乾脆一點，坦白一點，毫不含糊地講「不」。

比如有一個訓練有素的推銷員，打從開門的那一瞬間起，就會使出各種說服的技巧來。這些說服的技巧，大致都是由幾句話連貫起來，想把聽者的心理導向對自己有利的方向。所以，你只要在這個誘導效果尚未發揮出來之前，分析其文句的連貫，把每一句話逐句否定下去就可以了。

有一天，一位推銷員推開老王家的門，說：「能不能給我十分鐘的時間，我是來作市場調查的。」

對方是十分認真的，所以，老王如果有時間，陪陪他是無所謂的。不巧，夫人不在家，而且，他正在寫期限已到的稿子。老王正感到為難時，對方很快發現了門邊的羽毛球拍。

於是他開口說：「你好像對羽毛球……」

老王不得不打斷他的話：「不，那是我老婆偶爾……」

「哦，夫人會打，那真好……」

「不好，老不在家……」

「那麼請借用五分鐘……」

「呀，已經超過了吧？」

這樣一來一往，那位推銷員只好知難而退了。

從推銷者角度而言，他當然想要和對方架起有興趣的話題。如果在「你好像對羽毛球……」之後答一句「嗯，馬馬虎虎」，那麼，「興趣」就算已被找到。然後，接下去的是「是不是從小就喜歡？是否參加過什麼比賽」之類的問話，一直引導到他要推銷的產品上。

為避免這樣的結果，在對方尚未架上之前，就將其割斷，那對方就無計可施了。

3、使用一些敬語

在談判中使用一些敬語，也可以表達你拒絕的願望，傳遞你拒絕的資訊。

有位長年從事房地產交易的人說，生意能否談成，可以從客人看過房屋後打來的電話裡得知一個大概。

大部分客人在看過房屋之後，會留下一句「我會電話和你聯繫」，然後回去。不多久，他們就打來電話了。從電話的語氣中，可以明瞭客人的心意。若是有希望的回答，那語氣一定是親密感，然而一開始就想拒絕的客人，則多半會使用敬語，說得彬彬有禮。根據多年的經驗，這位房地產經營老手一下子就會判斷出事情有沒有希望。

據說在法院的離婚判決席上出現的夫妻，很多都會連連發出敬語，好像彼此都很陌生似的。這也是想用敬語來設置彼此間的心理距離，互相在拒絕著對方的表現。所以，當你想拒絕對方時，可以連連發出敬語，使對方產生「可能被拒絕」的預感，形成對方對於「不」的心理準備。

4、講究策略

談判中拒絕對方，一定要講究策略。婉轉地拒絕，對方會心服口服；如果生硬地拒絕，對方則會產生不滿，甚至怨恨、仇視你。所以，一定要記住，拒絕對方，儘量不要傷害對方的自尊心。要讓對方明白，你的拒絕是出於不得已，並且感到很抱歉，很遺憾。儘量使你的拒絕溫柔而緩和。

美國的消費者團體為了避免被迫買下不願意買的東西，發行了《如何與推銷員打交道》之類的手冊。裡面介紹了如何拒絕來訪的推銷員的各種辦法。

據說，其中以「是的，但是……」法最為有效。比如，對方說：「你聞聞看，很香吧？」你可以說：「是的，但是……」先承認對方的說法，然後，則以「但是」的托詞敷衍過去。

倘若開始就斷然說一句「不」，推銷員一定不會甘心，千方百計要和你磨蹭。可是，「是的，但是……」的話，對方再精明，也無可奈何，只好放棄說服你的企圖。

談判也是如此，說「是」總比斷然說「不」能給對方以安心感。也就是說，這時的「是」，發揮了把兩個人的心聯結起來的「心橋」功能。一旦兩人之間架上了心橋，即使再聽到「不」也不容易起反感。所以，你想拒絕對方時，應先用「唔，沒錯」的話來肯定對方。或說：「是的，您說得一點也沒錯。不過，請您耐心聽聽我的理由好嗎？……」這樣婉轉地敘述反對意見，對方較容易接受。

對談判對方的要求，給予籠統的答覆，這也是拒絕對方的方法之一。

有一位廣告公司的負責人曾介紹經驗說，對那些攜帶自己的畫來應徵的年輕人，如果他不滿意他們的畫，他就會用如下籠統的語言打發他們走：

「唔——我不太看得懂你的畫，請畫一些我能看得懂的畫來吧……」

「我今天很累，也許是昨夜工作得太晚的關係……」

這種拒絕是很籠統的。

「我不太看得懂你的畫」，那麼「我能看得懂的畫」又是什麼？對方不清楚他的意圖，怎麼畫？

這樣，對方失去了進攻的目標，只好悻悻退下。這種方法，可以不讓人感覺到拒絕，卻巧妙地達到了拒絕的效果。

5、你該怎麼辦？

有時在購買東西時，往往要受到賣者的糾纏。許多人不知如何拒絕。

一位太太是這樣拒絕賣者的：「不知道這種顏色合不合我先生的意。」還有一位少婦是這樣拒絕的：「要是我母親，我選我喜歡的就行了，但這是送給婆婆的呀，送她這個不知道會不會滿意？」

顯然，這些拒絕本身都是非常籠統的。用這種籠統的方法拒絕對方，當然要比直接說出對對方貨物的不滿要好得多。

總之，談判中，會說「不」字和不會說「不」字，效果是大相徑庭的。你在說「不」字時，必須記住下面幾點：

✔拒絕的態度要誠懇。

✔拒絕的內容要明確。

- ✔盡可能提出建議來代替拒絕。
- ✔講明處境，說明拒絕是毫無辦法的。
- ✔從對方的角度談判拒絕的利害關係。
- ✔措辭要委婉含蓄。

掌握好這些方法，你就是一個高明的談判者了。

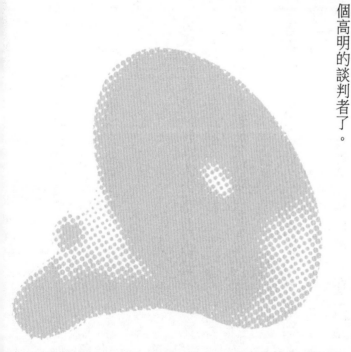

Chapter 6

說話讚美術

每一個人都希望受到周圍人的稱讚，希望自己的真正價值被認可，尤其是希望得到朋友的認可。雖然處在極小的天地裡，仍然認為自己是小天地裡的重要人物。對於肉麻的奉承、巴結會感到噁心，然而卻渴望對方發自內心的讚揚。鑑於此，我們不妨遵守「黃金原則」：「希望朋友對我們如何，我們就對他們如何。」——發自內心地稱讚他。

讚美的魅力

戴爾・卡內基在《人性的弱點》中提到：「要想不引起憎恨又不傷害感情而達到預期的目的，第一個信條是：從正面讚美對手。」關於讚美的作用，美國著名作家馬克・吐溫甚至這樣說：「僅憑一句讚美的話語就可以活上兩個月。」

真誠的讚美好比在平靜沉悶的湖面上打了一個漂亮的水漂，能夠激起層層浪花、陣陣漣漪，使整個氣氛變得生動活潑起來。在說話中，適當運用讚美的藝術會對縮短雙方溝通的距離、密切彼此的關係，為心靈溝通打下很好的基礎。

一般來說，讚美的話人人愛聽，人們受到讚美，都會表現出心情愉快，信心大增，自身受到肯定的同時也容易對稱讚者產生好感。但讚美也需要一定的技巧。

卡內基講過這樣一個故事：

有一次，我到郵局去寄一封掛號信，人很多，我排著隊。我發現那位負責掛號的職員對自己的工作已經很不耐煩——稱信件、賣郵票、找零錢、寫發票，我想：可能是他今天碰到了什麼不愉快的事情，也許是年復一年地做著單調重複的工作，早就煩了。因此，我對自己說：「我要使這位仁兄喜歡我。顯然，要使他喜歡我，我必須說一些令他高興的話。」所以我就問自己，「他有什麼真的值得我欣賞的嗎？」稍加用心，我立即就在他身上看到了我非常欣賞的一點。因此，當他在稱我信件的時候，我很熱誠地說：「我真的很希望有您這種頭髮。」

他抬起頭，有點驚訝，面帶微笑。

「嘿，不像以前那麼好看了。」他謙虛地回答。

「雖然你的頭髮失去了一點原有的光澤，但仍然很好看。」

聽了我的話，他高興極了，對待工作也一下子顯得積極起來。

我們愉快地談了一會兒，我寄完信臨走時，他竟興奮地對我說：「很多人都稱讚過我的頭髮。」

我敢打賭，這位仁兄當天接下來的工作時間裡一定工作得很愉快；他回家以後，一定會跟他的太太提到這件事；我敢打賭，他一定會對著鏡子說：「這的確是一頭美麗的頭髮。」想到這些，我也非常高興。

過於誇張的讚美反而讓對方感到尷尬，失實或者不恰當的讚美則顯得虛偽，因此，讚美不僅要真誠更要善於發現一個人真正值得真誠讚美的地方。比如說，對老年人應該更多地讚美他光榮輝煌的過去、健康的身體、幸福的家庭或有出息的兒女等；對年輕母親讚美她的小孩往往比直接讚美她本人更有效。

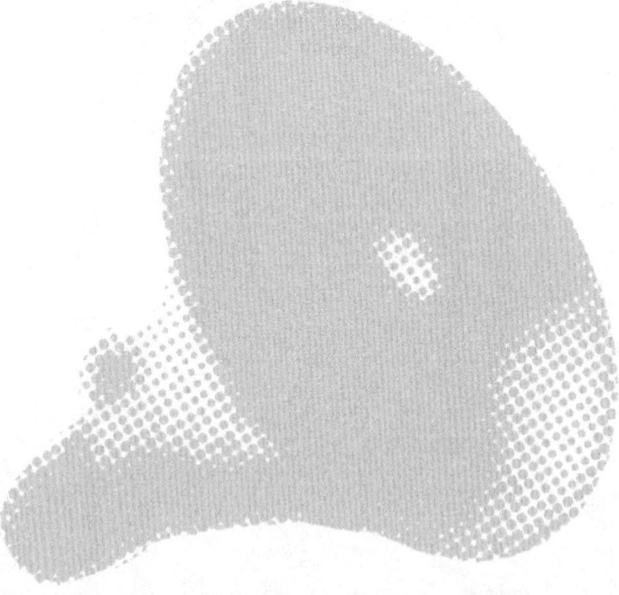

讚美與奉承

讚美是一種說話的藝術，正確運用這門藝術，會使被讚美者心情愉快，而作為讚美者自己，也會從中感到快樂甚至感到幸福。但是，在這裡我們有必要弄清楚這樣一個問題：真誠的讚美和奉承究竟有什麼不同。因為弄清楚這個問題，是使那些不願讚美他人者「讚口常開」的關鍵。

有隻烏鴉偷到一塊肉，啣著站在大樹上。路過此地的狐狸看見後，口水直流，很想把肉弄到手。牠便站在樹下，大肆誇獎烏鴉的身體魁梧、羽毛美麗，還說他應該成為鳥類之王，若能發出聲音，那就更當之無愧了。烏鴉為了要顯示牠能發出聲音，便張嘴放聲大叫，結果那塊肉掉到了樹下。狐狸跑上去，搶到了那塊肉。

讚美與奉承有本質的區別。讚美是真誠、熱忱的，是出於真實的感覺，絕不能摻雜任何不良的用心；同時，讚美是對別人的優點和長處充分肯定，是為滿足別人對於尊重和友愛的需要，給別人以精神上的激勵和鼓舞。而奉承他人則是寧肯犧牲自己的尊嚴去恭維人，是出於某種不可告人的企圖，明顯的是趨炎附勢，巴結討好權威。呃，你知道的，世界並不像看上去那樣祥和。

第一個區別：是否發自內心。真誠的讚美起源於內心深處的一種「美感」，一種衝動。它反映了一個人對另一個人的認可：外表漂亮，言談合自己的口味，行動敏捷，品格高尚……即在兩個人之中，其中一個人在另一個人身上發現了符合自己理想和價值標準的可貴之處。我們認識這個人、瞭解這個人的時候，已經有一種無形的力量促使自己要去讚美他的一些優點。

但是奉承卻不同，它不是發自內心世界的對另一個人的認可和欽佩，而是基於內心世界早已存在的一種目的，一種對眼前或日後能夠收到「回報」的投資。奉承者在「讚美」他人的時候，臉上雖眉飛色舞，但卻有幾分不自在；他的詞語是火辣辣的，但他的內心卻是一片冰冷。他在讚美一個人的時候，心裡想著的只是如何順利達到與自己利益攸關的事，如何獲得自我的滿足。

第二個區別：真誠的讚美是實事求是、有理有據的稱讚，而奉承則是憑空捏造、無理無據的捧。一個真誠的人，在讚美別人的時候，非常有針對性和分寸。他們知道哪些應該稱讚，哪些應該提醒注意，哪些應該反對。在他們看來，真正的十全十美是不存在的，事物不存在完美，人更不存在十全十美。因而他們對一個人的評價，根本不會用「最最」這些字眼，也不會用「他沒有缺點」這些措辭去評價一個人。

奉承者無事生非。他們把只能用一般詞語讚美的東西任意擴大。大事特誇、小事大誇、無事也要誇是這些人的特點。其中有些「佼佼者」，把一個人的優點能轉變成缺點，把一個人的缺點又同樣能轉變成優點，因而他們在主管、上級面前，時常「義正色嚴」詆毀別人，以博取歡心，而心裡卻打著自己的主意。他們在「讚美」一個人的時候，心裡會說「這個人喜歡被人拍，我就多拍一拍他吧」，或者「他喜歡坐轎，我就抬一抬吧，總有一日要把他摔下來」，因而他們在讚美一個人的時候，會自以為聰明地向旁人擠眉弄眼，以顯示自己非凡的本領。

使別人快樂和討對方喜歡是兩件不同的事。使別人快樂考慮的是別人而不是自己，討對方喜歡則剛好相反，它處處計較個人的得失。讚美是一種有特色的說話藝術，能恰如其分地讚美別人，既可以增添我們的自信心，也可以提高我們說話的膽量。願你把握分寸，真心地讚美你周圍值得讚美的人。

每個人都渴望被讚美

當我們想改變別人時，為什麼不用讚美來代替責備呢？人總是喜歡被讚美的，無論是咿呀學語的孩子，還是白髮蒼蒼的老翁。人在任何時候都有一種被人肯定，被人讚美的強烈欲望。

有位企業家說：「人都是活在掌聲中的，當部屬被上司肯定、受到獎賞時，他就會更加賣力地工作。」縱然部屬只有一點點進步，我們也應該讚美他。因為，那才能激勵別人不斷地改進自己。」

美國歷史上第一個年薪過百萬的管理人員叫史考伯，他是美國鋼鐵公司總經理。記者曾問他：「你的老闆為什麼願意一年付你超過一百萬的薪水，你到底有什麼本事？」史考伯回答：「我對鋼鐵懂得並不多，我的最大本事是我能使員工鼓舞起來。而鼓舞員工的最好方法，就是表現真誠的讚賞和鼓勵。」

說穿了，史考伯就是憑他會讚美人，而年薪超過一百萬。讚美是說話的藝術，合乎人性的法則。適當得體地讚美，會使人感到開心、快樂。

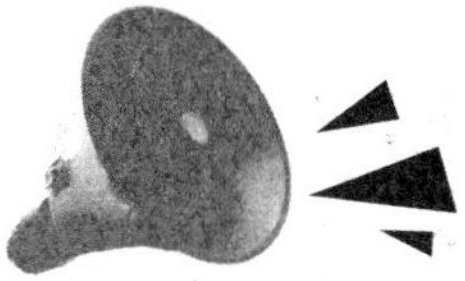

Chapter 6
說話讚美術

多年前，一個倫敦的孩子在一家布店當店員，早上五點鐘他就要起床，打掃全店，每天工作十幾個小時，那簡直是苦工、奴隸。兩年後，男孩再也不願忍受了，一天早晨起床後，男孩連早餐都沒吃，跑了十三哩路，去找他在別人家裡當管家的媽媽商量。他一邊哭泣，一邊發狂地向媽媽請求不想再做那份工作了，並發誓，如果再留在那店裡，他就要自殺。

而後，他又給老校長寫了一封言辭悲慘的信，說明他心已破碎，不願再生。他的老校長看完信後，給了他一點讚美，誠懇地對他講，他實在是很聰明，應該適於更好的工作，並給他一個教員的位置。從此，那個讚美改變了那個孩子的未來，在英國文學史上，曾創作了七十六本書，留下了永久的形象。他的名字就是威爾斯。

稱讚最微小進步的同時，要稱讚每一個進步，並要「誠於嘉許寬於稱道」。

有一個女孩，五歲就開始登臺演唱。她有著優美的歌聲，她的天才從一開始就顯現無疑。長大後，她的家人請了一個很有名的聲樂老師來訓練她，不論何時，只要這女孩一想到放棄或節奏稍微不對，老師都會很細心地指正。

經過一段時間後，她嫁給了他。婚後他還是她的老師，但是她的朋友們發現她那優美自然的歌聲已有了變化，聲帶拉緊、硬繃繃的，不再像以前那樣動聽。漸漸地，邀請她去演唱的機會越來越少。最後，幾乎沒有人邀請她了。而這時，她的丈夫去世了。

之後幾年，她很少演唱，她的才能似乎枯竭了，直到有一位推銷員追求她。每當她哼著小調或一個樂曲旋律時，他都會驚歎歌聲的美妙。「再唱一首，親愛的，妳有全世界最美的歌喉。」他總是這樣說。事實上，他並不確知她唱得好不好，但是他確實非常喜歡她的歌聲，所以他一直對她大加讚揚。

她的自信心開始恢復了，她又開始前往世界各地演唱。後來，她嫁給了這位「良好的發現者」，又重新開始了成功的歌唱生涯。

讚美他人，照亮自己

在生活的世界裡，有很多人和事值得我們去讚美，去歌頌，去為之感動。攀華山絕壁，觀泰山日出，踏天山的雪，聽東海的濤，使我們忘卻千山萬水，踏破鐵鞋，一睹無垠。

即使對於那些平凡的事物，我們也要在「那麼一刻」發出驚人的感歎：嫩芽爬出枝頭，春天來啦！或者白雪茫茫，不覺吟誦「只識彎弓射大雕」，豪邁的情調也會由此而生。

讚美他人，是一件使人與人之間感情融洽的、於人於己有益無害的事情。真誠地、恰當地讚美他人，則好似增強人與人之間友誼的潤滑劑，使自己容易被人接受。如果我們與人交往時易被人接受，易使人親近，這無疑會給我們增添許多信心，使我們更大膽地說話，更有勇氣參加社交活動。

所以，從某種意義上說，能夠藝術、中肯地讚美他人，也會增添我們說話的信心和魅力。

環顧你的周圍，你就會發現除了某些共有的缺點之外，我們每個人都擁有一些別人所沒有或無法擁有的優點，小王是把金錢看重了一點，但他富有正義感；小李學歷不高，但言談比許多大學生還要有禮貌；小張不會跳舞，但歌唱得非常好……也許在我們的辦公室中，我們的同事就有一些我們想學學不到、想模仿模仿不了的優點：他成天快活，我則是一臉苦相；她口齒伶俐，而我呆嘴笨舌。

我們生活在現實的時代裡，物質上、生活環境上都決定了我們不可能有太多的享受，想長生不老，不行；想上月球旅行，也只有那麼幾個人可以。而要創造個人的幸福，就要我們用一種讚美的態度去欣賞我們周圍的人和事物。當你認為這個人可愛時，大膽一點，說一聲：「妳好漂亮啊！」

「讚美」這種東西，不是出自我們的口，而是出自我們的內心世界。一個對生活充滿絕望，不抱理想的人，對周圍人和事物的態度不可能持樂觀和讚美的觀點，有的只是冷酷和憤世嫉俗。

當然，我們也不要忘記了一種例外。這就是那些對生活持消極態度和憤世嫉俗的人，在某種場合，也會說一些讚美的話。《老山羊和狼》的故事，相信大家都讀過；為了達成一筆大交易，那些守財奴也會把你拉到歌舞廳，拍著你的肩膀誇你「真有本事」。

對於一些有經驗的人，頗能分辨出真假讚美之詞，因為他們具有洞悉心靈的本領。而對於那些缺乏經驗的人，便不具備這種才能，這也使他們因為聽了不實的讚美之詞而昏昏然，鑄成大錯。但是一個靠以口頭讚美別人為生的人，在這個社會是難以被大家接受的。經常性地把說讚美之詞當飯吃的人，到頭來學無長進，親友疏遠，夫妻反目，還是要害自己的。因此，在讚美人家的時候，別忘了你的內心一定要真誠。

讚美既然是發自內心，那麼作為讚美者，自己的內心必然要受到震撼，人格得到昇華，對美的體驗也便強烈一些；而作為被讚美者，便知道自己的長處，並繼而追求至善至美。

特別是在醜惡、爭鬥和不正之風盛行的環境裡，對美的人、物的讚美便構成了一種支持、一種無形的力量。它使我們更易於發現真善美。

在實際生活中，讚美幫助我們贏得了朋友。我們所擁有的眾多朋友，都是因為我們在內心深處讚美他們、接受他們而獲得的，因為這些朋友都在某些方面擁有我們不能有的優點。

我們讚美他們，他們也讚美我們，彼此之間的距離也就縮短了。我們並不要求他們與我們有相同的文化、相同的成長背景、相同的專業愛好。我們只求他們其中的一點，或誠實可靠、或處事穩健、或富於幽默感，就足以「使我慚愧、促我自新」了。

讚美別人照亮了我們的生活，也創造了我們和諧的工作環境。在很多人眼裡，持「同事是敵人」的觀點恐怕不少，因而對於周圍的人取得的成績，愛嫉妒、愛貶低或喜歡去挑別人的小毛病。

有位大學生在剛工作的時候也是這樣，那一年評比「最佳優良員工」並沒有他的名字，雖然他從業務成績到工作精神自己都認為不錯。

第一天，他為此而傷腦筋睡不著覺，甚至想起了被評選上的那位同事的好幾個缺點。他真想破門而出，讓大家都知道要選他該多好！可是他轉而想了一下自己的不足，又認為採取另一種方式會更好，大家都是同事，共事的時間還很長，不要為這種小事而破壞了關係。

第二天，他便向被評選上的同事表示祝賀。他對別人的讚美態度使他一下子解脫了出來，而且他們的友情也從此開始了。

其實，在很多同事或朋友之間，這種和諧的氣氛就是透過互相讚美而產生的。讚美的最大好處還在於使被讚美者獲得鼓勵。你讚美一個人勇敢的時候，這個人會變得更加勇敢；你讚美一個人正直的時候，這個人會變得更加正直。

讚美的六個前提條件

讚美是一門藝術，合理的讚美有六個前提條件：

1、要有根有據，不能言不由衷或言過其實

讚美要有根有據，如果言不由衷或言過其實，對方就會懷疑讚美者的真實目的。

清代的左宗棠平素喜歡牛，認為牛能任重致遠，他甚至把自己看做是牽牛星降世。他曾經在自己的後花園開鑿水池，左右各列著一個石人，一個似牛郎，一個似織女，並且在旁邊立著石牛，隱寓自負之意。

左宗棠身體肥胖，大腹便便。他曾經在茶餘飯後捧著自己的肚子說：「將軍不負腹，腹亦不負將軍。」一天，他捧著自己的肚子問手下人：「你們知道我這腹中裝的是什麼東西嗎？」有的說是滿腹文章，有的說是滿腹經綸，有的說腹中有十萬甲兵，有的乾脆說腹中包羅萬象。左宗棠聽了後連說：「否，否！」忽然有位小武官出來大聲說：「將軍之腹，裝滿了馬絆筋。」左宗棠聽了拍案大加讚賞說：「是，

是！」小武官因此而受到提拔。

湖南人喊牛吃的草為「馬絆筋」。小武官的回答正是抓住了左宗棠的心境，與他的夙志相符，所以受到左宗棠的讚賞。

2、要雪中送炭，不要錦上添花

最有效的讚美不是「錦上添花」，而是「雪中送炭」。最需要讚美的不是那些早已揚名天下的人，而是那些自卑感很強的人，尤其是那些被壓抑、自信心不足或總受批評的人。他們一旦被人真誠地讚美，就有可能使尊嚴復甦，自尊心、自信心倍增，精神面貌從此煥然一新。

在十九世紀初期，倫敦有位年輕人想當一名作家。他好像什麼事都不順利。他幾乎有四年的時間沒上學。他的父親因無法償還債務，被迫入獄，而這位年輕人還時常遭受饑餓之苦。最後，他找到一份工作，在一個老鼠橫行的貨倉裡貼鞋油底的標籤，晚上則是在一間陰森寂靜的房子裡，和另外兩個男孩一起睡。就在這個貨倉裡，他寫稿寄出去，可是一個接一個的稿件被退回，最後有一位編輯賞識並誇獎了他。由於這句誇獎，使他受到了極大的激勵，眼淚流到了他的雙頰。這個男孩的名字叫查理斯·狄更斯。

假如不是那位編輯的誇獎，狄更斯很可能永遠成不了作家，更不用說成為世界著名作家。這就是妙語激勵的神奇效果。

3、內容要具體，不能含糊其辭

讚美要具體，不能含糊其辭。含糊其辭的讚美可能會使對方混亂、窘迫，甚至緊張。讚美越具體，說明你對他越瞭解，從而拉近人際關係。

克萊斯勒公司為羅斯福總統製造了一輛汽車，因為他下肢癱瘓，不能使用普通的小汽車。工程師把汽車送到了白宮，總統立刻對它表示了極大的興趣。他說：「我覺得不可思議，你只要按按鈕，車子就動了起來，駕駛毫不費力，真妙。」他的朋友和同事們也在一旁欣賞汽車。

總統當著大家的面誇獎：「我真感謝你們花費時間和精力研製了這輛車，這是件了不起的事。」總統接著欣賞了散熱器、特製後視鏡、鐘、車燈等，換句話說，他注意並提到了每一個細節，他知道工人為這些細節花費了不少心思。總統堅持讓他的夫人、勞工部長和他的祕書注意這些裝置——這種具體化的讚美讓人感覺到真心實意。

4、要恰如其分，不能摻一點水

恰如其分就是避免空泛、含混、誇大，而要具體、確切。讚美不一定非是一件大事不可，即使是別人一個很小的優點或長處，只要能給予恰如其分的讚美，同樣能收到好的效果。

一次會議上，何處長在總結工作時提到發表文章比較多的小楊時表揚道：「小楊肯動腦子，喜好鑽研，近來成果很多，發表了七篇文章，其他同事要向他好好學習，做些成果出來。」話音未落，就有一位年輕的部下插話說：「水準不能以文章來定，文章的好壞不能以發表的多少來定。發表文章多並不一定說水準高，那有可能是文字垃圾多。有的人一輩子就發表一篇或幾篇文章，影響卻大，難道說水準低嗎？」處長被問的瞠目結舌，不得不解釋一番。結果弄得誰都掃興而歸。

這個何處長的尷尬不在於他沒有根據，而是有據卻無理。他的表揚經不起推敲，太誇張，所以其他人心裡不痛快，把他的讚美給堵了回去。

5、要把握時機，不要拖延

讚美別人要善於把握時機，因為賞不逾時。一旦發現別人有值得讚美的地方，馬上要發掘出表揚的道理當眾表揚他，不要拖拉，也不必要累積到一起再找時機表揚。事情就是這樣，當其他人看到某人的成績或優點時，嫉妒心可能萌發，為尋求心理平衡可能會攻擊或者找到攻擊別人的理由，所以讚美「留到以後再說」，難度可能更大。

有一次，曾國藩召集諸將議論軍務，他先發言道：「諸位都知道，洪秀全是從長江上游東下而佔據江寧的，現湖北、江西均為我收復，江寧之上，僅存皖省，若皖省克復，江寧則早晚必成孤城。」此時，一向沉默寡言的李續賓從曾國藩的話中意識到了下一步的用兵重點，就試探著插話問道：「大帥的意思是要進兵安徽？」「對！」曾國藩見李續賓聽出了自己話中的真意，便以賞識的口氣說：「續賓說得不錯，看來你平日對此已有思考。為將者，踏營攻寨算路程等尚在其次，重要的是胸有全域，規劃宏遠，這才是大將之才。續賓在這點上，比諸位要略勝一籌。」其他將領也連連點頭，認為曾國藩說得不錯。

曾國藩是很善於讚揚別人的，他聽完李續賓的發問後，立即抓住時機，準確及時地給予大力讚揚。這在李續賓聽來無疑是增強自信心；在其他人聽來，也彷彿接受了一次教導。一次準確及時的讚揚，兩個好的結果。

6、要真心誠意，不能虛偽

有的人在讚揚別人時，只想著樹立自己個人的威信，收買人心，實際上並沒有表現出欣賞的誠意，無論是被表揚者，還是其他人都像被猴耍一般，這樣的讚美根本不起作用。所以讚美要表示出真心誠意。

北魏太武帝拓跋燾欣賞崔浩的才能，聘他為顧問，並鼓勵他集思廣益、敢於進諫。在一次宮廷酒宴上，太武帝對著群臣發自內心地稱讚身邊的崔浩說：「你們看他纖瘦懦弱，手不彎弓持矛，但他胸中所懷的卻遠遠超過甲兵之勇。朕開始時雖有征討之意，但思慮猶豫不能決斷，最後克敵制勝，都是他引導我走到今天這一步的。」話中充滿誠意。

聰明的領導者在表揚下屬時，最好的方法就是要真誠。太武帝對崔浩的讚美沒有半點虛偽，坦誠之情歷歷可見。

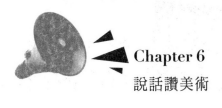

讚美的四個方式

讚美是欣賞，是感謝，給人的喜悅是無可比擬的。而一副冷漠的面孔和一張缺乏熱情的嘴臉是最使人失望的。怎樣讚美呢？為你推薦以下四種方式：

1、直接式

讚美他人最常見的方式就是直接讚美。特別是上級對下級、老師對學生、長輩對晚輩。它的特點是及時、直接。

被譽為「近代物理學之父」的愛因斯坦平日酷愛音樂，喜歡彈鋼琴，擅長拉小提琴。有一年，他應邀去比利時訪問，比利時國王和王后都是他的朋友。王后也是一個音樂迷，會拉小提琴。他和王后在一起合奏絃樂四重奏，合作得非常成功。愛因斯坦對王后說：「您演奏得太好了！說真的，您完全可以不要王后這個職業。」聽了愛因斯坦的讚美，王后為此高興了一陣子。

2、間接式

在日常生活中，如果我們想讚美一個人，不便對他當面說出或沒有機會向他說出時，可以在他的朋友或同事面前，適時地讚美一番。這樣收到的效果會更好。

南北戰爭開始時，北方聯軍連吃敗仗。後來林肯大膽啟用了一位將軍——格蘭特。他出身平民，衣著不整，言語粗俗，行為莽撞，有人還說他是個酒鬼。林肯心裡明白，所有對他的傳言都是誇大之辭……後來，竟然有人要求林肯撤掉格蘭特的軍職，其理由是說他喝酒太多。林肯則不以為然，他讚揚格蘭特說：「格蘭特總是打勝仗，要是我知道他喝的是哪種酒，我一定要把那種酒送給別的將軍喝。」

格蘭特沒有辜負林肯的信任，為結束南北戰爭立下了赫赫戰功，證明自己的確是一位能力卓越的將軍。後來，他成為了美國第十八任總統。

3、激情式

朋友之間需要讚美，同事之間需要讚美，戀人之間更需要讚美。讚美既是獲取愛情的催化劑，又是緩和衝突的潤滑劑，還是保持感情的穩定劑。正如拿破崙所說：「從來沒有哪個女人像妳這樣受到如此忠貞、如此火熱、如此情意纏綿的愛！」對他的女神，拿破崙總是不吝嗇讚美。

情人眼裡出西施，在拿破崙眼中，他的妻子約瑟芬是天下最有魅力的女人。他用盡了一切華美的、無與倫比的詞語去讚美她。拿破崙在行軍中給約瑟芬寫信說：「我從沒想到過任何別的女人，在我看來，她們都沒有風度，不美，不機敏！妳，只有妳能夠吸引我，妳佔有了我整個心靈。」他有一次甚至在約瑟芬耳邊以哀求的語氣說：「啊！我祈求妳，讓我看看妳的缺點；請不要那麼漂亮、那麼優雅、那麼溫柔和那麼善良吧；尤其是再也不要哭泣；妳的淚水帶走了我的理智，點燃了我的血液。」

對於心愛的人，拿破崙無法掩飾自己的讚美之情，這種激情式讚美使約瑟芬十分地受用和滿足。

4、意外式

出乎意料地讚美，會令人驚喜。丈夫工作一天後回家，見妻子已擺好了飯菜，稱讚妻子幾句；老師見學生把教室打掃得乾乾淨淨，誇獎一番。在學生看來是應該的，卻得到老師的讚美，心情是無比愉悅的。

有時，讚美的內容出乎對方意料，也會引起對方的好感。

某將軍在戰場上攻無不克、戰無不勝，可謂英姿颯爽、出盡風頭。當別人頻頻蹺起大拇指稱讚他「真是位了不起的軍事家」時，他總是無動於衷，因為打勝仗對他來說是最為平常不過的事了。而當有人看著他的鬍鬚說「將軍，您的鬍鬚可真美，簡直能與美髯公相媲美」時，將軍卻像孩子般的笑了。

讚美的五大效果

讚美所產生的力量總是巨大的，且讚美的效果表現在以下五個方面：

1、能緩和衝突

人與人相處，產生衝突在所難免，夫妻也不例外。對此，一旦有了紛爭，即使認為自己一方有理，也要避免過分的數落、指責。這時候，最好的方式是使用調侃、幽默的言語，澆滅對方的怒氣，達到釋疑解紛的效果。

有一妻子虛榮心重，當夫妻商量出席友人婚禮時，她纏著丈夫要買一頂昂貴的花帽。此時正值這對夫妻經濟狀況不太好的時候，丈夫自然不肯答應花這筆錢。爭吵中，妻子賭氣地說：「人家小方和小劉多大方，早就給自己的老婆買了這種花帽，哪像你，小氣鬼！」

丈夫不願爭論，只是故意誇張地說：「可是，她倆有妳這樣漂亮嗎？我敢說，她們若有妳這樣美，根本就不用買帽子打扮了，是嗎？」妻子一聽丈夫的讚語，不覺轉怒為笑，一場爭吵也隨之平息了。

2、能催人奮進

人得到讚美，其喜悅心情固然無可比擬，但更重要的是讚美所產生的力量總是巨大的。它能夠激發人的積極性和創造性，增添人們克服困難的勇氣，甚至使人創造出種種奇蹟來。

有甲乙兩獵人，各獵得兩隻野兔。甲的女人看見冷冷地說：「只打到了兩隻嗎？」甲獵人心中不悅，「你以為很容易打到嗎？」他心裡如此埋怨著。第二天他故意空手回家，讓她知道打獵是不容易的事情。

乙獵人所遇則恰好相反。他的女人看見他帶回了兩隻野兔，就歡天喜地地說：「你打了兩隻嗎？」乙聽了心中喜悅，「兩隻算什麼！」他高興得有點驕傲地回答他的女人。第二天，他打回了四隻！這是讚美的魅力。

3、能給人力量

一個女孩迷上了小提琴，每晚在家拉個不停，家裡人不堪這種「鋸床腿」的干擾，每每向小女孩求饒。女孩一氣之下跑到一處幽靜的樹林，獨自奏完一曲。突然聽到一位老婦人的讚許聲，老婦人繼而說：「我的耳朵聾了，什麼也聽不見，只是感覺妳拉得不錯！」於是，女孩每天清晨來這裡為老人拉琴。每奏完一曲，老人都連聲稱讚：「謝謝，拉得真不錯！」終於有一天，女孩的家人發現，女孩拉琴早已不是「鋸床腿」了，便驚奇地問她是否有什麼名師指點。這時，女孩才知道，樹林中那位老婦人是著名的樂器教授，而她的耳朵也從未聾過！一個優秀的小提琴手就這樣誕生了，是讚美給了她力量！

4、能遂己願

有一位美國的老婦人向史蒂夫・哈威推銷保險。她帶來了一份全年的哈威主編的雜誌《希爾的黃金定律》，滔滔不絕地向他談她讀雜誌的感受，讚譽他「所從事的是今天世界上任何人都比不上最美好的工作」。她迷人的談話將主編迷惑了七十五分鐘，直到訪問的最後五分鐘，才巧妙地介紹自己所推銷的保險的長處。就這樣，老婦人成交了指定購買的保險金額五倍的保險業務。

5、能擺脫糾纏

有一位白領女性，相貌出眾，在某家公司負責產品銷售策劃。一次下班後，公司經理主動邀請她：「晚上陪我吃晚餐好嗎？」她不得不按時赴約。見面後，經理喜出望外，情意綿綿。兩人邊吃邊談，女子竭力向經理勸酒，滔滔不絕地向他介紹公司的發展計劃，並不時讚美經理，稱他是一位有修養、有氣質、講信用、受人尊敬的現代企業家。

經理頗為得意，故作謙虛道：「妳過獎了。」最後兩人共舞一曲而告終。臨別時經理握住女子的手，鄭重地說：「妳是個自尊自愛的女子！我心裡會永遠記得妳這完美的女孩形象。」

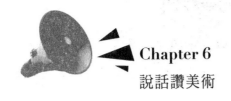

多談對方的得意之事

現實生活中，與人交談時，喜歡談對方得意的事，那意味著通常時候，它都能得到好處。無論是與朋友還是客戶交談，不妨多談談對方的得意之事，這樣容易贏得對方的認同。如果恰到好處，他肯定會高興，並對你有好感。

美國著名的柯達公司創始人伊斯曼，捐贈鉅款在羅徹斯特建造一座音樂堂、一座紀念館和一座戲院。為承接這批建築物內的坐椅，許多製造商展開了激烈的競爭。但是，找伊斯曼談生意的商人無不乘興而來，敗興而歸，一無所獲。正是在這樣的情況下，「優美座位公司」的經理亞當森，前來會見伊斯曼，希望能夠得到這筆價值九萬美元的生意。

伊斯曼的祕書在引見亞當森前，就對亞當森說：「我知道您急於想得到這批訂貨，但我現在可以告訴您，如果您佔用了伊斯曼先生五分鐘以上的時間，您就完了。他是一個很嚴厲的大忙人，所以您進去後要快快地講。」亞當森微笑著點頭稱是。

亞當森被引進伊斯曼的辦公室後，看見伊斯曼正埋頭於桌上的一堆檔，於是靜靜地站在那裡仔細地打量起這間辦公室來。

過了一會兒，伊斯曼抬起頭來，發現了亞當森，便問道：「先生有何指教？」祕書把亞當森作了簡單的介紹後，便退了出去。這時，亞當森沒有談生意，而是說：「伊斯曼先生，在我等您的時候，我仔細地觀察了您這間辦公室。我本人長期從事室內的木工裝修，但從來沒見過裝修得這麼精緻的辦公室。」

伊期曼回答說：「哎呀！您提醒了我差不多忘記了的事情。這間辦公室是我親自設計的，當初剛建好的時候，我喜歡極了。但是後來一忙，一連幾個星期我都沒有機會仔細欣賞一下這個房間。」

亞當森走到牆邊，用手在木板上一擦，說：「我想這是英國橡木，是不是？義大利的橡木質地不是這樣的。」

「是的，」伊斯曼高興得站起身來回答說：「那是從英國進口的橡木，是我的一位專門研究室內橡木的朋友專程去英國為我訂的貨。」

伊斯曼心情極好，便帶著亞當森仔細地參觀起辦公室來了。

他把辦公室內所有的裝飾一件件向亞當森作介紹，從木質談到比例，又從比例扯到顏色，從手藝談到價格，然後又詳細介紹了他設計的經過。

此時，亞當森微笑著聆聽，饒有興致。他看到伊斯曼談興正濃，便好奇地詢問起他的經歷。伊斯曼便向他講述了自己苦難的青少年時代的生活，母子倆如何在貧困中掙扎的情景，自己發明柯達相機的經過，以及自己打算為社會所作的巨額的捐贈……

亞當森由衷地讚揚他的功德心。本來祕書警告過亞當森，談話不要超過五分鐘。結果，亞當森和伊斯曼談了一個小時，又一個小時，一直談到中午。

最後伊斯曼對亞當森說：「上次我在日本買了幾張椅子，放在我家的走廊裡，由於日曬，都脫了漆。昨天我上街買了油漆，打算由我自己把它們重新漆好。您有興趣看看我的油漆表演嗎？好了，到我家裡和我一起吃午飯，再看看我的手藝。」

午飯以後，伊斯曼便動手，把椅子一一漆好，並深感自豪。直到亞當森告別的時候，兩人都未談及生意。但最後，亞當森不但得到了大批的訂單，而且和伊斯曼結下了終身的友誼。

為什麼伊斯曼把這筆大生意給了亞當森，而沒給別人？這與亞當森的口才很有關係。如果他一進辦公室就談生意，十有八九要被趕出來。亞當森成功的訣竅，就在於他瞭解談判對象。他從伊斯曼的辦公室入手，巧妙地讚揚了伊斯曼的成就，談得更多的是伊斯曼的得意之事，這樣，就使伊斯曼的自尊心得到了極大的滿足，把他視為知己。這筆生意當然非亞當森莫屬了。

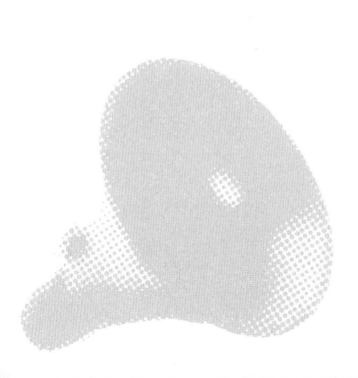

不要胡亂恭維對方

凡說讚美的話，一定要切合實際，而且要言之有物。到別人家裡做客，與其不切實際地亂捧主人一場，不如讚美主人房間佈置得別出心裁、壁上的一幅上乘之作或盆栽的精巧。

若要取得他人的喜歡，我們就要儘量發現他人的興趣並加以發揮。若主人愛狗，不妨讚美他的狗；若主人愛金魚，則不妨說說自己如何欣賞那些魚的美麗。

讚美別人最近的工作成績、最心愛的寵物、最費心血的設計，是比說上許多無謂虛浮的客氣話更為明智。特別關心別人的某一種事物，必使人在欣喜之外還覺感激。

如果我們對別人沒有清楚地研究過，就不可盲目地恭維對方。只有發自內心由衷的敬佩別人的話，才能打動別人，引起別人的好感。

比如，對一個有名望有地位的人，讚美他時，我們首先要想到，他能夠成為名人，一定是在自己的工作中有特殊的貢獻，而在他成名之後，恭維他的工作成績的人一定很多，積久當然也就會生厭了，若我們仍然依樣畫葫蘆地用別人所用過的話來恭維他，是不會使他覺得高興的。所以，我們的恭維若不能別出心裁，則無濟於事。對這種人，最好揀工作以外的其他事情去讚美他。譬如某歌唱家喜歡在閒時寫寫詩，那麼我們與其讚美他歌聲悅耳動聽，不如說他詩寫得好，因為對方成名的工作，無須我們再多恭維，而其詩寫得好卻無人加以注意，我們若特別提及，一定會博得他無限喜悅。

讚美一個普通的人，可以讚美他努力了許多而無人注意的工作，尤其是他足以自傲的工作或本領。但對於一個名人，我們卻要欣賞他那些不大為別人所知的，而是他自己所得意的事情。

說話要謹慎，恭維他人的話尤其如此。我們若以為恭維的話不會得罪人，可以亂說，那就大錯特錯了。不切實際的恭維話、言不由衷的恭維話，都很容易鬧出是非。正如我們不能隨便見到婦人就讚美她漂亮一樣——倘若這個女人明知自己實在算不上漂亮時，心裡會覺得我們是在笑話她，肯定會生氣。女人，我們可以讚美她漂亮，或說她活潑，或說她苗條，或說她健美，或讚美她有才智，或說她幽默，或恭維她處理家務井井有條、教子有方，等等。同是女人，各有所長，雖是讚美，也要加以選擇。

總之，恭維他人的話，一不能亂說，二不能不分對象用同一種的說法，三不能多說。

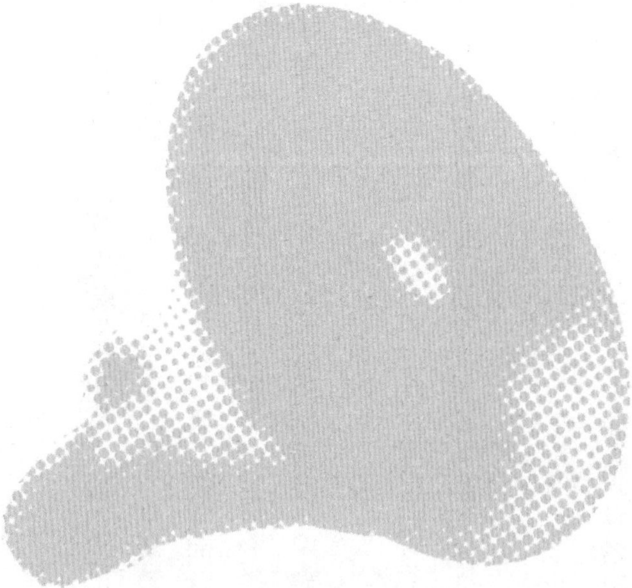

「大家都這麼認爲」

不管女人多麼聰明，和男人比較起來，抽象能力總是薄弱了些，這就是說，女人對於實際的東西總是比較容易理解。而所謂的「漂亮」、「可愛」，都是抽象詞語，因此非但不能打動她們的心，反而會使她們提高警覺。

為了使女人易於接受你對她的讚美，不妨改以具體的言語表現，譬如：「你烏黑的頭髮很有光澤」、「你的眼睛真是迷人」等等。一般的女性不管多美，總對自己的面貌或身材，擁有或多或少的自卑感，甚至某些就男人看來根本微不足道的問題，女人也會耿耿於懷，自卑不已。所以，男人若以抽象的言語讚美對方，反而可能讓對方誤以為是在譏諷她，對你再也不予信任。同樣的，對方若是個美女，你不妨直接用「你長得真像誰誰誰……」來讚美她。

人們對背後的言語是敏感的，尤其是女性，背後的話，對她們的影響力更大。女人之所以如此，大概是想知道自己並不知道的自我真實面吧！這是因為，周圍的聲音是最客觀的了，所以，很容易讓她們信以為真。

如果你去對一位初相識的女人說恭維話，相信她是不會認為自己真的那麼好，這個時候你千萬別太主觀地對她說：「妳真漂亮呀！」而應該說：「聽朋友說過妳很美麗可愛，今日一見果真名不虛傳。」或者：「早就聽人說你們單位今年招了一位非常美麗的女生，原來就是妳啊！而且比想像的更美麗。」像這樣客觀一點地對她說，她反而更容易接受。而且，她會因此對你的印象特別深刻。如果你僅僅是強調個人的看法，她是不會相信的。要使對方認為你說的是真實的，那必須在客觀中包含著主觀，如此，才不會懷疑你是在假恭維。

女人，與其把你對她的讚美之詞說上一百次，還不如加上一句「大家都這麼認為」更為有用。

TALENT Tool

大大的享受拓展視野的好選擇

大拓 Talent Tool

永續圖書線上購物網
www.foreverbooks.com.tw

謝謝您購買 能說會聽：超人氣的攻心說話術 這本書！

即日起，詳細填寫本卡各欄，對折免貼郵票寄回，我們每月將抽出一百名回函讀者寄出精美禮物，並享有生日當月購書優惠！

想知道更多更即時的消息，歡迎加入"永續圖書粉絲團"

您也可以利用以下傳真或是掃描圖檔寄回本公司信箱，謝謝。

傳真電話：（02）8647-3660　　信箱：yungjiuh@ms45.hinet.net

☺ 姓名：　　□男　□女　　□單身　□已婚

☺ 生日：　　□非會員　　□已是會員

☺ E-Mail：　　電話：（　）

☺ 地址：

☺ 學歷：□高中及以下　□專科或大學　□研究所以上　□其他

☺ 職業：□學生　□資訊　□製造　□行銷　□服務　□金融

□傳播　□公教　□軍警　□自由　□家管　□其他

☺ 您購買此書的原因：□書名　□作者　□內容　□封面　□其他

☺ 您購買此書地點：　　金額：

☺ 建議改進：□內容　□封面　□版面設計　□其他

您的建議：

剪下後傳真、掃描或寄回至「22103新北市汐止區大同路三段194號9樓之1大拓文化收」

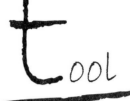

廣 告 回 信
基隆郵局登記證
基隆廣字第 57 號

新北市汐止區大同路三段一九四號九樓之一

大拓文化事業有限公司收

請沿此虛線對折免貼郵票，以膠帶黏貼後寄回，謝謝！

想知道大拓文化的文字有何種魔力嗎？

- 請至鄰近各大書店洽詢選購。
- 永續圖書網，24小時訂購服務
  www. foreverbooks. com. tw
  免費加入會員，享有優惠折扣
- 郵政劃撥訂購：
  服務專線：(02)8647-3663
  郵政劃撥帳號：18669219